写给孩子的表达课

王琨 著

河北科学技术出版社

·石家庄·

图书在版编目（ＣＩＰ）数据

写给孩子的表达课 / 王琨著. -- 石家庄 : 河北科学技术出版社, 2024.1
ISBN 978-7-5717-1904-3

Ⅰ. ①写… Ⅱ. ①王… Ⅲ. ①语言表达－儿童读物 Ⅳ. ①H09-49

中国国家版本馆CIP数据核字(2024)第034660号

写给孩子的表达课
XIE GEI HAIZI DE BIAODA KE

王琨 / 著

责任编辑：	李　虎
责任校对：	徐艳硕
封面设计：	柒拾叁号
出版发行	河北科学技术出版社
地　　址	石家庄市友谊北大街330号（邮政编码：050061）
印　　刷	唐山富达印务有限公司
经　　销	新华书店
开　　本	690mm×980mm　1/16
印　　张	15
字　　数	186千字
版　　次	2024年1月第1版
印　　次	2024年1月第1次印刷
书　　号	ISBN 978-7-5717-1904-3
定　　价	50.00元

序 言

　　掌握了语言的魅力，你便坐上了通往成功的特快列车；了解了语言的神奇，你便能创造出更多的奇迹和惊喜。

　　从前，有个年轻人想成为一名武林高手。他四处寻访名师，寻找秘籍，想找到一个快速成名的捷径。后来，他遇见了一位老人，这位老人是传说中的绝世高手。年轻人上前请教，老人不语，用笔写了四句话，转身离去。年轻人看后，从不屑到若有所思，又从不解到恍然大悟。这四句话是：

　　　　豪杰亦能常人做，常心常性自掩埋。
　　　　琢磨方使玉成器，精诚所至金石开。

　　这四句话的大概意思是：平常的人通过努力也是能够让自己成为豪杰的，之所以没能成为豪杰，很重要的一个原因是自己平常的心性把内在具备的豪杰本性给掩埋掉了。就是说你本来能行，但是你却认为自己不行，并且太过浮躁。你只要具备足够的信心和信念，沉下心来向着自己的目标踏踏实实、认认真真地努力，你的诚心、你的坚持就会引领你走向成功。

这个故事比喻许多人在学习、做事的过程中，不够自信，并且不愿意一步一个脚印地去实现，而总是妄想找到快速成名和成功的捷径。但是，世界上哪有那么简单的事情！就像很多人想学好演讲，想成为一名厉害的演讲家，却不愿意踏踏实实地用心练习，而总是幻想自己在舞台上如何光彩夺目一样。老人看出了这个年轻人的心思，虽说不认可这个年轻人急功近利的想法，但是看到他还有一些决心，便给了他一些指点。

道理很简单，但是许多人就是做不到，其中一个主要的原因就是自我设限。就像平时听见有人说自己："哎呀，我可不行。我不是那块料。我还没有准备好，还是去找别人吧。"类似这样不自信的自我评价都属于自我设限，就等于在自己前方的道路上放了许多障碍物。

大家要记住：对自己的肯定和欣赏是得到别人认可的重要前提。

"琢磨方使玉成器"里面的"琢磨"一词来自传统经典《大学》中的"有匪君子，如切如磋，如琢如磨"这句话。古人把玉加工成器物叫"琢"，把石头加工成器物叫"磨"，"如琢如磨"大体的意思就是雕琢、研磨。平时我们经常说"哎呀，这个事我得琢磨琢磨"，因为几乎没有什么成就是唾手可得的，都需要靠自己反复地推敲、尝试、练习、巩固，才会得到一定的收获和回报。

"精诚所至金石开"一句源自"精诚所至，金石为开"。这句话的大概意思是人的诚心所到，能感动天地，能使金石为之开裂。比喻只要专心诚意去做，什么疑难问题都能够解决。这也与我们经常听到的"只要功夫深，铁杵磨成针"的道理很相似。

路，可能有若干条，但要靠自己一步一步地努力和坚持才能到达目的地。比如，要想成为一位演讲高手，首先就要具有对舞台的喜爱和渴望，然后就是不断地练习和尝试，其间还需要他人的指导和反馈，这样才能渐渐提升自己的演讲水平。

所以开篇故事里老人说的四句话，是想让年轻人明白通向成功的道路并没有所谓的捷径。年轻人找到自己的方向和目标后，就需要学下去、练下去、坚持下去，而不是"两天半新鲜"或是"三天打鱼两天晒网"。心血来潮就练一练，心情不爽就不练了，这样到头来多是"竹篮打水一场空"，浪费了时间却没有得到令人满意的结果，永远也成为不了真正的高手。就像种庄稼，先埋下了玉米的种子，然后又刨出来换成了向日葵，然后又刨出来换成了豆子，一直这样换来换去，种子又如何生根发芽？不知不觉已经过了播种的最佳时机，到了本该收获的时节却只能看着空旷的田地黯然神伤了。"滴水穿石非一日之功"，能够穿石的，不是水的力量，而是坚持的力量。

这本书就是要让更多的孩子和家长，提升演讲能力，增强坚持的信念，打开内心的语言开关，让才华得到更加充分的施展。本书总结了演讲当中比较重要的常识，像站姿气质、肢体动作、面部表情、语调语速、自我暗示、自我介绍、故事案例、自信主持等，以及一些常用的主题。我把自己多年的演讲经验做了一个简明的汇总，以轻松、幽默的方式呈现给家长和孩子们。书里除了分享一些演讲常识和演讲技巧，更多的是培养演讲自信和演讲素养，还有大量的故事和案例，希望大家用心地学习和感受。另外，书中提到的练习也是非常重要的，只有你张开口，伸出手，才算是真正地开启了你的演讲之门。为了让我们把学到的知识和要领更好地运用到练习中，每章最后都有一个非常重要的作业。希望你能够认真完成。因为，这是你演讲进步的阶梯。

我从一开始演讲的腼腆、青涩，通过坚持不懈地进行自我雕琢，到现在的侃侃而谈、坦然自若，可以说，我用演讲实现着我的梦想，我用演讲改变着我的人生。我希望你也能做到。演讲能提升自信和个人魅力，演讲能让人把心中的想法和观点更精准、更生动地表达出来。演讲能吸引更多人对你的关注，从而让自己获得更多宝贵的机会。先不说你讲得怎么样，仅仅是你敢于走上演讲台这一件事，就会让现场观众对你印象深刻。能有胆量站上舞台讲话的人毕竟是少数。当你站上舞台的那一刻，你就已经成了全场的焦点。

曾经有一位家长和我说起了一件事，听了之后挺令人感慨的。这位家长是一个年轻的妈妈，有一个9岁的女儿。有一天她去参加女儿的家长会，因为她的女儿表现得特别好，于是就有家长提议，想让她为大家分享一下平时教育孩子的经验，现场立刻响起了期待的掌声。因为是突然发生的，没有时间来准备，所以当她听到老师和家长们请自己上台分享时，脑袋里"嗡"的一声，瞬间就蒙了。她很感谢老师和家长们能给自己这次分享的机会，但是平时性格比较内向、不善言谈的她，对当众讲话真的是充满了恐惧。她的双脚像踩着棉花似的站上了讲台，因为要避开台下那些正在盯着她的目光，紧张得不敢抬头，两条腿也不受控制地抖动。

一阵掌声过后，教室陷入了将近一分钟的安静。又是一阵掌声，接下来又是一阵安静，现场非常尴尬。她心里好像压着一块大石头，脑子里像是在刮着一阵威力巨大的沙尘暴，乱成了一团。她觉得这两分钟就像两年一样漫长。她想不出来自己要讲些什么，甚至忘记了自己此刻是谁。后来，还是老师帮她化解了这次尴尬，替她讲了讲她女儿在学习中的一些好习惯。她也很尴尬地回到座位。

家长会结束后，她又像踩着棉花一样回到家里，自己躲进卧室偷偷地哭了好一阵，不仅仅是对自己当天的表现很失望，更是因为她觉得自己给女儿拖了后腿。女儿表现得那么好，而自己却和女儿的表现不够匹配。她看着女儿在台灯下学习时那要强的身影，又想起其他家长站上讲台时侃侃而谈的自信和从容，一股改变自己的强烈欲望瞬间涌上心头。女儿争气，她这个当妈妈的更要争气。她在和我说起这件事的时候，满眼含着泪水。不过我觉得她当时的泪水里不全是遗憾，更饱含着希望与信心，因为她那个时候已经决定开始跟我学习演讲了。

大约一年之后，有一次她所居住的小区举行了一场晚会。节目都是精挑细选的，现场观众非常多。她和家人也去现场观看演出。看到一半的时候，她的女儿突然问她："妈妈，你为什么不上台表演一个节目啊？我想看到你站在舞台上的样子。"她听完女儿的话，又看着女儿那一闪一闪、充满了期待的大眼睛，突然有了一种走上舞台的冲动，她不想让女儿失望。于是，她来到舞台旁边，找到了主办那场活动的一个负责人，说自己想上台说几句感谢小区物业的话，顺便再表演一个小节目。负责人开始是拒绝的，理由是节目是按照计划进行的，不能轻易更改。可她听后并不气馁，依然积极地、诚恳地为自己争取机会，后来这位负责人被她的执着打动了，于是就给了她一个上台的机会。但是时间只有3分钟。

她运用自己一年来学习和掌握的演讲知识，在上台前做了一些准备。当她自信地站上舞台，拿起话筒的那一刻，她听到了来自台下热烈的掌声。这个场面，她之前想都不敢想，而此时她做到了。人群之中她可爱的女儿在一边跳一边激动地向她招手，并大声地和旁边的小朋友说："快看，那是我的妈妈，那是我的妈妈。"她说了一段感谢和祝福的话，又清唱了一首歌曲。她的讲话不多，却字字入心，博得了大家热烈的掌声；她唱歌的水平真的是一般，但是她的勇气和真诚也让观众为她喝彩。当她走下舞台，女儿赶紧冲过来抱住她，自豪得不得了。那一刻，她激动不已，是选择和坚持让自己在今天能够自信绽放。

这就是公众演讲的魅力，是公众演讲让她找回了自信。后来她和我说起这件事情的时候，脸上还带着无比幸福的笑容。

演讲从某个角度来讲也是一种自我推销，"一对多"地把自己介绍给更多的人认识。另外，当你出现在公众面前的时候，不仅仅是带给别人学习、成长的机会，也是给自己一个帮助他人的机会。因为你的演讲也会让许多人更加自信、华丽变身。你站上演讲台的那一刻就要告诉自己：我肩负着使命、充满了能量、充满了幸福、充满了感恩。

家长们可以回想一下，这么多年，因为你的不善言谈，你有多少梦想没有实现？因为你的沉默寡言，你的人生缺失了多少本应该美好的瞬间？当我们在教孩子做人要勇敢，在鼓励孩子要自信地走上舞台的时候，我们是否能够以身作则，做好示范？

孩子们，现在也想一想，为什么很多老师对你的印象不够深刻？为什么很多同学对你还是非常陌生？为什么你的影响力还不大？为什么你的朋友还很少？其中一个重要的原因就是你当众讲话的次数太少。在很多时候，别人对你的熟悉程度取决于你当众讲话的次数。因此，我特别用心地写了这本书，就是希望帮助更多人通过演讲让自己进步和蜕变。读完这本书，你就会发现自身所拥有的巨大的潜能，演讲真的可以改变一生，演讲会为你带来无数可能。

许多家长都希望自己的孩子能够出类拔萃、超凡脱俗。许多孩子也希望自己能够在同龄人当中脱颖而出、优秀出众，拥有更加美好的人生旅程。那就让我们一起：

在不甘平庸的内心中树立伟大的梦想，
在无比珍贵的时光中练就卓越的本领，
在逐渐积累的进步中享受坚持的乐趣，
在与众不同的努力中拥有精彩的人生！

所以，我非常希望孩子们能和自己的父母一起读这本书，共同学习，共同成长，来构建充满智慧的学习型家庭。父母是孩子的榜样，孩子是父母的希望，在认真学习中增加知识储备，在轻松快乐中拓宽思维和视野。一个人最大的进步就是让学习成为人生的一种习惯。

CONTENTS

第一部分

好的气度：一眼就让人信服

第一章　气质展现精神 /003

第二章　肢体语言调动情绪 /013

第三章　面部表情传递情感 /026

第四章　语调语速感染听众 /034

第二部分

好的心理：成为强大的自己

第五章　自我暗示获得心理能量 /049

第六章　自我介绍让更多人记住你 /059

第七章　好故事胜过好道理 /069

第八章　脱颖而出，自信主持 /079

第三部分
好的表达：出色演讲的关键

第九章　能够抓住听众的特色开场 /093

第十章　留下回味的精彩收尾 /100

第十一章　灵活而风趣的互动 /108

第十二章　巧妙回答各种问题 /121

第四部分
演讲准备：平时默默努力，关键时毫不费力

第十三章　活用辅助工具 /135

第十四章　重要素材积累 /144

第十五章　精彩讲稿设计 /154

第十六章　即兴演讲 /164

第十七章　出色控场 /173

第五部分

场景练习：抓住人生的关键时刻

第十八章　演讲比赛 /187

第十九章　班级竞选 /196

第二十章　家庭会议 /204

总结　心法：从小白到高手 /211

附录　给孩子的演讲范文：爱国、感恩、梦想 /219

第一部分

好的气度：一眼就让人信服

◎ 气质展现精神

◎ 肢体语言调动情绪

◎ 面部表情传递情感

◎ 语调语速感染听众

第一章

气质展现精神

当你面对公众,开口讲话之前,你的站姿和气质就已经给观众留下了第一印象。站姿能反映演讲者的能量和状态,气质能体现演讲者的精、气、神和内心的世界,拥有良好的状态才能有精彩的展示。

我们在观看阅兵视频的时候,往往会被中国军人挺拔的军姿、整齐的动作和威武的气势深深震撼。他们的军姿中蕴涵着坚韧的精神和必胜的信念,给人以信心和鼓舞。

军人挺拔的站姿与平时严格的训练是分不开的。从许多阅兵训练的视频中可以看到,战士们的汗水湿透了衣服,甚至在休息的时候,战士们脱下的鞋里面能倒出许多汗水,可以想象他们训练时所付出的辛苦。许多战士训练时会在后背上绑上木架,这能让他们的站姿更加标准。练习摆臂和踢腿时,为了做到整齐划一,会拉上一根根笔直的线来辅助训练。千万次地练习,只为践行军人的标准;挥汗如雨地训练,只为彰显军人本色。

我见过很多退役的老兵,虽然从事着不同的职业,但从他们的站姿、坐姿、言谈举止中,能明显地感受到他们是有过军旅经历的,这些都是因为他们曾经接受过严格的训练，从而在举手投足间显示出不同常人的气度。

一个人的形象就像是他的名片，别人会根据你的形象直观地做出初步判断，因而初次见面时给人留下的印象会更加深刻。如果给别人的第一印象非常好，就很有可能会为自己赢得宝贵的机会；反之，如果给别人留下的第一印象不好，那以后再想取得对方的好感，就要付出更多的努力了。

出门如见大宾

《论语》中有一句话叫"出门如见大宾"，大致意思是出门要像会见重要的宾客一样，严肃恭敬。一个人良好的形象一部分来自刻意用心的准备，还有一部分来自平时所养成的习惯。你每次从家里出门，并不能预料到会遇到哪位重要人物，因此，最好平时就养成注重自身形象的习惯。

有的人在家里习惯往沙发上一瘫。家里人纠正他的行为，他就会说："我这不是在家里吗？出去我就不会这样了。"但当他出门在外的时候，短时间还能装一装，时间一长就想找个地方一靠。因为他已经养成了"站没站相，坐没坐相"这个不好的习惯，这个习惯也会让他给别人留下不好的印象。

为什么不好的形象或是习惯会降低别人对你的信任？因为一个人的形象和习惯大概率对应着他内心的标准——做事的标准，做人的标准，生活的标准，人生的标准。如果一个人生活习惯上很随意，给人的印象往往是很容易放弃，缺少坚持的信念。

第一部分 好的气度：一眼就让人信服

出门如见大宾

第一印象就是其他人初次见到你时的直观感受，这种感受很大程度上决定了对方喜欢不喜欢、接受不接受你。站姿与气质是对方能直接看到和感受到的。你展示出良好的形象，不仅能提升他人对你的好感，更是尊重他人的体现。

上台的要点：三定和三激

首先是气质中的"三定"，即眼定、气定、心定。眼定是指眼神坚定而不是飘忽不定，气定是指气定神闲而不是气息紊乱，心定是指心定

> **琨哥说**
>
> 我站在台上时，也会努力做到"三定"。我会有意控制眼神，要么是有目的地移动，要么是随着演讲的节奏自然地游走，就像武术中讲的"眼随拳走"一样，眼神是演讲中很重要的一项要素。关于气定，我会尽量控制好演讲节奏，该快的地方快，该慢的地方慢，淡定自若地娓娓道来。

身安而不是内心慌乱。

"三定"的顺序是：心定才能气定，气定才能眼定。心定的核心表现是自信满满和泰然自若。气定的核心表现是语气稳定、节奏适当。眼定的核心表现是目光真诚、发自心灵。

有些人面对观众，要么眼神乱瞟，要么就是一直盯着地面，不敢直视现场的观众。呼吸急促，心跳加速。怦！怦！怦！仿佛能听到自己的心跳声。一上台脑子里一片空白，之前背熟的词一个字都想不起来了。

很多歌曲为什么好听？因为节奏鲜明、韵律优美。专业歌手对气息的把握非常到位，一首歌唱下来，高音震撼，低音柔情，关键是不会气喘吁吁的。演讲也是如此，会讲的人，气息稳定，连续讲一天状态不减；不会讲的人，讲半天嗓子就哑了，还站得腰酸背痛。

心定的基础是胸有成竹和心胸宽广。胸有成竹的主要原因是我在演讲之前会做大量的准备和练习。心胸宽广是源自多年演讲的经历和我内心的演讲使命。我演讲的目的是让更多的家庭更加幸福，让更多的孩子

心定才能气定，气定才能眼定

更加优秀，这种强烈的使命感会成为一股强大的力量，让我的内心充满了激情并且无比坚定。

演讲时的气质还有一个要点是"三激"：激动、激情、激昂。激动是内心对演讲的重视，激情是一种积极的状态，激昂是震撼的演讲呈现。"三激"的顺序是：有激动的心情才能有激情的状态，有激情的状态才会有激昂的演讲。

这里重点讲一下激动，因为很多人当众讲话时会紧张。我们要明白，在你的内心里，激动和紧张是不会同时存在的。这两种情绪表面上看相似，但实质上的区别很大。紧张主要是负面情绪，害怕自己讲不好，害怕被人嘲笑，怕丢人，怕发挥失常，因此才会紧张。而激动是正面的情绪，一想到自己要通过演讲来帮助别人，就会激动；一想到自己

激动、激情、激昂

即将在舞台上尽情地展示，让自己平时的学习和练习得到实践的验证，就会激动。记住：过度的紧张会削弱内心的力量，而适当的激动会增强内心的力量。

琨哥说

关于站姿，我总结了两句话，希望能给大家一些参考：

男孩，抬头挺胸，像英雄一样站立，彰显个人的气魄！

女孩，巾帼不让须眉，傲骨英姿又不失气度！

站姿训练

要想有蜕变，还得来训练。站姿训练主要包括四个方面：头要正、胸要挺、腿要直、身要顶。

1. **头要正**。可以对着镜子观察、调整。让自己的目光与下颌稍微上扬，这样会显得更加精神和自信。不讲话时，嘴要微闭。严肃的场合，表情严肃；非严肃场合，面带微笑。

2. **胸要挺**。挺起胸膛，两个肩膀水平向后微微张开。平时习惯于含胸的同学，在做挺胸动作时，可以采用两肩同时向后画圈的方法辅助挺

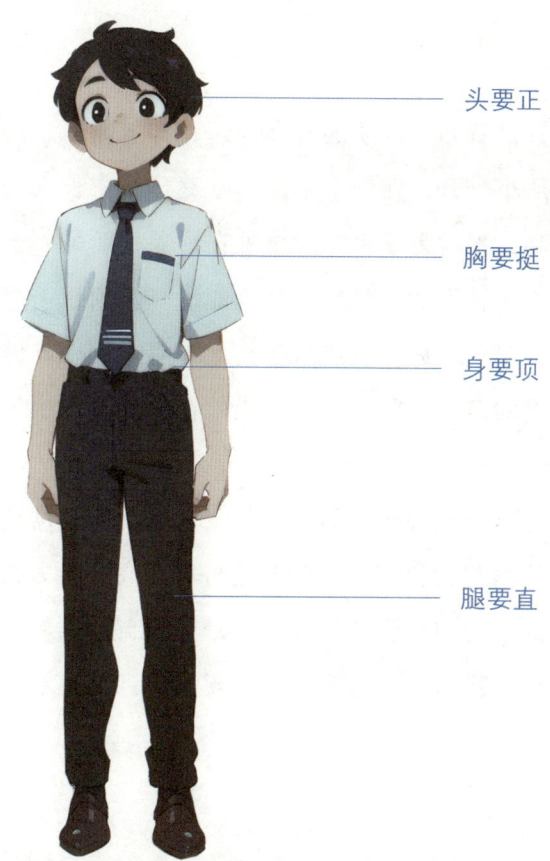

站姿训练：头要正、胸要挺、腿要直、身要顶

胸练习，每次练习画 5 到 10 圈即可。练习时，画圈的速度要慢一些，以感觉舒展为宜。

3. 腿要直。站立时，双腿伸直。男孩双脚可适当分开一些，分开的宽度不超过自己的肩宽。女孩双腿、双脚尽量并拢，这样才更显亭亭玉立。

4. 身要顶：身体站直时，要有一种身体向上顶的感觉，想象着自己的身姿越来越挺拔。

只要认真练习，你就会拥有标准的站姿。

气质提升训练

很多人只是看到了气质的外在显现，却忽略了它的来源。假如有一对双胞胎，从小分开，在两个不同的家庭环境中长大。其中一个家庭的父母素质较高，平时爱学习，注重外在形象；而另一个家庭中父母不爱学习，经常抱怨，说话也带着很多负能量。大家想一想，这两个孩子经过耳濡目染，多年之后，虽然从长相上来看差不多，但是形象和气质一定会产生巨大的差别，所以说一个人外在的形象取决于所处的环境和自己内心的修炼。

环境是可以选择或改变的。比如，你可以通过沟通和整理让家里的氛围变得更加温馨、和谐；尽量多地与境界高、能力强的人交流。在内心的修炼方面，增加自己的正知正念，坚持自省的习惯，加强自己的文化积累，注重自我的能力提升，学会规划自己的生活，你的气质才会越来越好。

口诀总结

为了方便大家理解和记忆，将本章讲到的提升气质的核心要领总结成口诀就是：

头顶天空，脚踏实地，
目视前方，充满底气！
充满感恩！充满能量！
充满希望！充满阳光！

"头顶天空，脚踏实地"是一种气魄，是一种自信，是一种正能量和正义感。"目视前方，充满底气"要表达的是精神饱满与志存高远。"充满感恩"是情感，"充满能量"是状态，"充满希望"是心态，"充满阳光"是信念。这四句既是在形容状态，又是在形容气质。

要想拥有精彩的演讲，首先让自己拥有一种力量，一种自信的力量，一种勇于尝试的力量。让自己随时随地都能形象良好、状态饱满。记住，当你站在台上，当你面对众人的时候，你就已经成了一位"公众人物"。

 **作业：短文朗读练习**

要求：站姿端正，声音洪亮。

例文：

雄鹰翱翔于天空，

用声音告诉世界它宽广的心胸！

骏马驰骋在草原，

用嘶鸣宣告它志在远方的勇猛！

我，立于天地之间，

站在人海之中，

用演讲告诉世人，

我绝不是平庸无名之辈，

我是勇于挑战、敢于追梦的英雄！

第二章

肢体语言调动情绪

拥抱能表达想念，挥手能表达告别，点头能表达赞同，摇头能表达拒绝，因此肢体动作也被称为肢体语言。肢体动作能反映演讲者内心的情绪，也能增强语言的力量。演讲可以理解为边演边讲，肢体动作能把演讲内容变成一幅幅画面，并且清晰、立体地展示在观众面前。当众演讲时，丰富、到位的肢体动作就像乐队的指挥家，引领和调动着现场的氛围和节奏。

许多领袖人物、杰出人物和演讲家当众演讲的时候，都会有十分鲜明的肢体动作，这些动作让他们的演讲更加震撼，也让观众对他们的印象更深刻。

观看舞蹈时，光看动作就能感受到演员想表达的情感。通常在表达快乐时，舞蹈的节拍稍快、动作欢快；在表达大气磅礴时，节奏稍慢，动作舒展大方，有一种由内而外的延伸感。看到电影里的武打片段，刚劲有力的武术动作瞬间能让人热血沸腾，甚至让人有一种跃跃欲试的感觉。当众演讲的时候，肢体动作一方面能让你的语言更有节奏和力量；另一方面，它能给观众留下深刻的印象。

琨哥说

我自从练习演讲以来，在肢体动作的练习上下了非常大的功夫。为了能让动作与演讲内容搭配得更好，我在开始练习时，有时会放慢讲话的速度，然后就琢磨这句话应该采用什么样的手势和动作，如果觉得不合适或是不到位，就立即调整。有的时候，为了一个动作，我可能要反复地做几十遍，甚至上百遍，直到感觉到位了才肯罢休。我也经常会让家人或是朋友对我的一些动作进行点评。有时候，我的朋友看得都有些不耐烦了，但是感受到我这种执着的精神，还是认真地给我建议。

后来我的课越来越多，讲课的规模也越来越大，我的经验也越来越丰富，但我没有因此而停下学习和练习的脚步，我会通过我讲课时的照片或是视频来回看自己的动作，看到哪个动作不合适就立刻记下来，然后加以纠正和完善。

肢体动作训练

当然，每个人都会有自己习惯的一些动作，但有一些动作是可以通用的。

首先是我们在演讲的时候最常用的手势的练习。手势分单手手势和双手手势。

单手手势练习中有一种比较常用的练习方法，叫模拟切菜练习法。它的动作要领是：

第一部分 好的气度：一眼就让人信服 015

伸出打手势的那只手，手掌伸直，食指、中指、无名指、小拇指自然并拢，大拇指自然张开，手臂抬起，手腕灵活自然。小臂与大臂略成直角（左手打手势时，手心向右；右手打手势时，手心向左）。小臂挥动时，模拟切菜和炒菜的动作，挥动方向基本上以左前方、右前方和正上方最为常用，挥臂时，手的高度尽量高于自己胸口的水平线，这样会显得更有力量，更在状态。

1. 四指并拢，大拇指自然张开

2. 小臂与大臂略成直角

3. 手臂挥动方向朝左前方

4. 手臂挥动方向朝右前方

5. 手臂挥动方向朝正上方　　6. 挥臂时，手的高度尽量高于自己胸口的水平线

模拟切菜练习

根据演讲者的习惯，做单手手势练习时用左手或右手都可以，下图就是以右手持话筒、左手做手势为例。

可以一边练习一边念口诀：切菜，切菜，上切切，下切切，左切切，右切切；炒菜，小炒，大炒，上菜。

切菜，切菜

第一部分　好的气度：一眼就让人信服　017

上菜

据我观察，演讲者如果使用话筒，通常是一只手拿着话筒，另外一只手打手势或做动作来配合演讲。在不拿话筒时，多数的演讲者都是两只手打手势，这样会显得更加自然、协调。关于话筒的持法会在后面"辅助工具"一章里着重讲。

双手的手势分两种：一种是双手同步手势，一种是双手自然手势。

双手同步手势就是两只手的动作是一致的、对称的。主要用于观众较多、演讲者表达情感比较强烈、话语节奏鲜明的场合。

比如开场问候。

开场问候

第一部分 好的气度：一眼就让人信服　019

比如学校举办的文艺会演中可能会有这样一幕。

双手同步手势模拟练习：文艺会演场景

双手自然配合手势，就没有固定的要求了。演讲者根据演讲的内容，做出相应的手势动作。

妈妈回来了，手里捧着一个大箱子。

我好奇地扒着箱子看，里面一片漆黑，看不清有什么。

我伸进一只手去里面摸。咦！什么东西？凉凉的、滑滑的，好像还在动。我的天啊！这到底是什么？

妈妈看到后笑着从箱子里面抱出来一个……大……西瓜。大西瓜嘛，圆圆的、凉凉的、表皮滑滑的，而且很容易滚动，你猜到了吗？

双手自然手势模拟练习：日常生活场景

采用双手自然配合的手势时，两只手的动作没有特定的要求，只是自然地配合着所表达的内容。这些手势能让观众有身临其境的感觉。

想练好演讲，最基本的就是练好动口和动手：动口就是敢于开口讲话，动手就是要有生动、到位的动作配合。演讲中的肢体动作以手势动作最为常用，除了手势动作外，还有其他的动作，比如腿部的动作，走路、转身等，但这些动作用得相对不多。另外，不管是什么动作，站在台上时都要注意，因为此时的你已经成了众人关注的焦点，你的一举一动、一言一行都要以榜样的标准来要求自己。

举个例子，有的演讲者很有幽默的天赋，在演讲时偶尔会做出一些诙谐幽默的动作，想让现场的气氛更加轻松，但是如果没有把握住其中的度，动作太过了就会有损自己的形象，也会降低观众对演讲者的重视程度。总结一句话就是，不要为了活跃气氛而做出太过夸张的动作。

情境模拟训练

情境模拟训练是一个综合练习，除了练习手势外，也非常锻炼想象力。根据指定的情景，进行肢体动作的训练，动作由简单到多样，由少量到丰富。

我们就以古诗《咏鹅》为例来进行练习。大家尝试照着图一起做动作，并相信自己的动作一定会优美、到位。

想象着一只大白鹅在水面漂浮游动，然后用手指向想象中的白鹅。

鹅，鹅，鹅，

曲项向天歌。

想象着一只大白鹅在水面漂浮游动，然后用手指向想象中的白鹅。

手势向上移动。

白毛浮绿水，

红掌拨清波。

手势落下，然后做出模拟波光粼粼的动作。

手势回到想象中那只白鹅的身上，然后再用手缓缓指向远方，让人感觉这只鹅正在悠闲地向远处游去。

参照图示，先练习一遍采用单手的手势，再练习一遍采用双手同步的手势，然后练习一遍采用双手自然配合的手势，感受一下在朗诵时，不同的手势给我们带来的不同感觉。

古诗情景练习

我们再结合一首诗来练习一下手势动作——《早发白帝城》。首先，想象一下在朗诵时要搭配什么样的手势动作。肢体动作不是千篇一律的，也就是说要在符合文字内容含义的情况下发挥我们的想象和创意，独一无二的你展示独一无二的动作。

早发白帝城

唐·李白

朝辞白帝彩云间，

千里江陵一日还。

两岸猿声啼不住，

轻舟已过万重山。

口诀总结

本章内容总结的口诀是:

演讲走上台,手要动起来。
节奏带得好,越讲越精彩。
时常走一走,氛围要打开。
减小距离感,掌声自然来。
憧憬展望,看向远方;
积极正向,头要上扬;
激动紧握拳头,动情手贴心房;
低头沉思带入情愫,时常走动照顾全场。

这段口诀的含义是,演讲者自信满满地走上台,肢体动作潇洒自如。观众的情绪紧随演讲者的节奏,精彩的演讲美妙而难忘。观众人数比较多时,在确定安全和不影响演讲进程的情况下,偶尔在舞台上和在观众中间走一走,你身边的观众会变得更加热情和激动,现场的氛围就会更加轻松和舒缓。因为贴近了观众的心,所以观众就会更喜欢你,掌声自然也就多了起来。

关于肢体动作,在口诀中也举了几个例子:讲到心中对未来的憧憬和展望的时候,眼睛看向远方,就好像远方真的出现了那美好的场景;演讲的内容是积极的、正向的、充满正能量的时候,要把头也微微地扬起,显得充满激情、状态饱满;讲到令人激动的时候,演讲者握紧的拳头能体现自己此刻的心情,也更能让观众产生共鸣;讲到动情之处,手贴心房,更能表达自己心中的炙热;讲到悲伤、思念、难忘等场景时,短暂的低头不语、陷入沉思,能让观众也感同身受,身临其境。

作业:肢体动作练习

根据文中描述的情境,尝试带着肢体动作朗读此篇短文。

高高的青山连绵起伏,
山脚下有一条大河奔腾而过。
一群大雁从远方飞来,
它们的叫声悠扬悦耳,
它们的翅膀苍劲有力。
蔚蓝的天空中,
朵朵白云在慢慢地移动,
有的像健壮的大象,
有的像灵巧的山羊。
我张开双臂,呼吸着新鲜的空气。
我的心情好极了,
我喜欢这神奇又美丽的大自然。

第三章

面部表情传递情感

说到表情，我们都非常熟悉，但是很多人却忽略了它的重要性。就像我们虽然每天都吃饭，但细细品味，就会感觉食物别有一番滋味。你会发现米饭弥漫着米的香味，馒头在嘴里咀嚼会有甜味，各种蔬菜也有它们特有的味道。细嚼慢咽与狼吞虎咽用食物填饱肚子的时候相比是完全不同的体验。

其实我们在生活中也经常会出现比较鲜明的面部表情。

一是来自身体反应。比如走路的时候，脚不小心踢到了石头。

哎哟！好疼啊！

有人挠你的脚底板。

哈哈哈哈。

牙疼。

哎哟！哎哟！牙好疼！

二是来自心理反应。比如突然受到惊吓。

啊！那是什么？

三是有意地表演。比如演员表演难过、生气、开心、兴奋等表情。

难过　　　生气　　　开心　　　兴奋

当孩子向父母表达自己开心、得意的时候，往往会做出一些搞怪的鬼脸；生气的时候会噘起小嘴，其实这也是在用表情来传达自己的情感。

作为一个演讲者，丰富、生动的面部表情能让你讲的故事惟妙惟肖，能让你的表达更加深入人心，能让观众对你的印象更加深刻。多年之后，观众可能不再记得你曾经讲过的内容，但是你丰富、生动的表情却会在许多人的脑海中时常闪现。在演讲中，表情能在很大程度上演绎出酸甜苦辣、喜怒哀乐、悲欢离合。

琨哥说

微笑的表情更能让人感到温暖，
难过的表情更能让人心生同情，
愤怒的表情更能让人印象深刻，
兴奋的表情更能让人倍增激情，
自信的表情更能让人神清气爽，
真诚的表情更能让人参与互动。

也许一个信任的微笑会让你在某个瞬间勇敢地战胜恐惧，也许一个冷漠的表情会让你的内心久久不能平静，也许一个赞许的眼神会让你燃起新的希望，也许一副嘲笑的嘴脸会让你感到难受至极。我们在成长中、生活中是离不开面部表情的，因为它是我们表达情感的一种语言，有时甚至比文字语言更加微妙。所以，大家就懂得表情有多么重要了。如果我们懂得把自己的表情进行刻意的训练，那就离成为一名优秀的演讲家又近了一大步。

长时间面无表情的演讲会让人感觉很压抑。而恰当、灵动的表情能拉近你与对方的距离，让大家对你的演讲产生兴趣和期待。

镜子练习

（1）找一面镜子，看着镜子中的自己，做一遍下列表情的练习：

微笑，苦笑，有些难过，非常难过，有些痛苦，非常痛苦，有些生气，非常生气，高兴，吃惊，疑问，尴尬，无奈，舒服，思考，得意，失落，自信，幸福。

镜子练习

（2）对着镜子讲一个小故事，先用平淡的表情讲一遍，再用丰富的表情讲一遍，然后自己对比一下。

情境演讲训练

找一个带有人物对话的故事，先想一想故事中的具体情境，然后带着表情来讲这个故事。在人物表演时，不仅要注意表情上的变化，更要尝试体会人物的心理活动，并且用手机录制下来，然后回看自己的视频，观察面部表情是否到位和丰富。以观众的视角来点评一下视频中自己的表现，以便在今后的练习中不断地完善自己的面部表情。

故事：

二叔是一个急性子，二婶儿是个一慢性子。有一天他们俩吃饺子。饺子还没煮好，二叔就眼巴巴地望着锅里着急地说："孩儿他娘，饺子煮好了没有啊？"

二婶儿听了慢吞吞地说："着啥急啊，孩儿他爹。那饺子不熟能吃吗？"

二叔听了无奈地叹了一口气。过了一会儿，二叔实在等不了了，自己从锅里捞了一个饺子，吹了吹就放到了嘴里："啊，好烫！好烫！哟哟哟。"

二婶又生气又心疼地说："孩儿他爹，没事吧？我说别着急、别着急，你非得着急，这下烫着了吧。"

二叔后悔极了，表情痛苦地说："大家可别学我呀。"他又接着说，"做事不要心急，一步一步地来，心急吃不了热饺子啊！"

口诀总结

本章内容总结的口诀是：

恰当表情上场，相应情感开口。
讲述酸甜苦辣，表达欢喜哀愁。
时而眉飞色舞，时而动情泪流。
眼是心灵窗口，目光时常交流。
表情丰富生动，画面切换紧凑。
情境立体震撼，观众感同身受。

"恰当表情上场，相应情感开口。讲述酸甜苦辣，表达欢喜哀愁。时而眉飞色舞，时而动情泪流。"

上场时的表情和讲话时的语气要适合演讲的主题和场合。该严肃时严肃，该活泼时活泼。我们的演讲在向观众传达着情感，情感是丰富多彩的，相应的表情也应该是灵活变化的。所谓"真感情就是好文章"，感情不是呆板的，它是能流动的，是能变化的。在电视剧《西游记》中，给你留下印象最深的是谁？我相信许多人都会说是孙悟空。为什么？其中一个重要的原因就是孙悟空面部表情非常丰富。

什么叫"眼是心灵窗口，目光时常交流"？

我们经常会听到"一个眼神儿就懂了"这样的形容。当现场的观众人数较多时，你一直看着前面的观众，后面的观众就会觉得你没有关注他们；你一直看着后面的观众，前面的观众就会觉得你没有关注他们。

那在演讲时如何才能更好地照顾到全场的观众呢？有一种方法就是把现场的观众由中轴线向两边分成两部分，演讲的大部分时间里，目光就可以在左右两部分的中心点之间来回游走，这样就能很好地照顾全场了。

除此之外，在演讲时，尽可能让自己与更多的观众有眼神上的交流。因为观众在与你眼神交汇的一瞬间，他会觉得自己受到了关注和重视，听你讲话的心情和状态瞬间都变得更好了。

"画面切换紧凑"是说，一个懂得出色运用表情的演讲者，他能让观众一直盯着他的脸，因为他的表情变换几乎没有间断，能把演绎出来的一个个吸引人的场景串联起来，让观众看得入迷、听得陶醉。

最后是"情境立体震撼，观众感同身受"。观众仿佛置身一种由演讲者打造出来的立体、震撼的情境，他们能看到、听到、感觉到演讲者想表达的内心世界。普通的演讲就像 2D 电影，而震撼的演讲就像 3D 电影。

作业：表情练习

请父母或朋友给你读下面的 10 句话，你认真听。在每一句结束时，你做出一个相应的表情，录制一个一分钟以内的视频。

收到一个心爱的礼物。

吃了一颗美味的甜果。

想起了一桩伤心的往事。

袜子找不到了。

被树上的刺扎了一下。

妈妈说要带我去游乐场。

发现自己长高了3厘米。

得到了一张奖状。

冻得直打哆嗦。

做了一个甜甜的美梦。

第四章

语调语速感染听众

　　我们每天都在说话，也在听别人说话。你有没有发现，有些人说话，让你心里莫名地就爱听，感觉很舒服；而另外一些人说话时，不知为什么让你听起来就有些别扭，甚至是让人反感。其实这与讲话者的语调和语速有很大的关系。同样的话，不同的人说会产生不同的效果。语调和语速恰到好处的声音有超强的穿透力和感染力。

　　语调太轻缺乏感情，语调太重显得生硬；语速太快听不清，语速太慢真难等。有一种说话叫绵言细语，有一种讲述叫娓娓道来，有一种语调叫抑扬顿挫，有一种声音叫铿锵有力。语调、语速要根据演讲内容适时地变化、调节，让听众听后心情舒畅。

　　向森林学习声音，静得安然，动得震撼，风吹林海，鸟语蝉鸣，和谐交错，高低互生；向大海学习声音，进而强劲，退而含蓄，惊涛拍岸，海浪层层，抑扬顿挫，缓急分明。这样的效果就是让你在当众表达时，时而如行云流水，时而如万马奔腾，时而如润物无声，时而如电闪雷鸣。这段话说的就是演讲时应该具有气势、气场，有语调的灵活转换，有语速的快慢交融。

一个人想要唱歌好听，首先要唱在调上，然后调整好声音的高低缓急，这样才有可能做到悠扬悦耳。人在讲话时也会有声音的高低和语速的快慢，如果演讲者能够掌握好表达时的节奏和规律，那你的演讲才有可能让人听了陶醉其中。什么样的人是演讲高手？就是观众听他演讲时是一种享受。

唱歌要先唱在调上

生活中，有的人讲话会让人很着急，因为他的语速太慢了，听众都猜到他后三句要说什么了，可他还是在那里慢吞吞地"惜字如金"。而有些人讲话语速太快，让人听了感觉紧张、烦躁。有的人讲话扯着嗓子喊，声音刺耳，让人没有了倾听的心情；有的人讲话声音过于低沉，显得精力不足，很容易让听众昏昏欲睡。

什么叫讲话好听？语速该快的时候快，能带动听众的情绪；语速该慢的时候慢，能让听众有时间去沉思；声音该高的时候高，能充分地彰显自己的热情；声音该低的时候低，给听众留有想象的空间。

那为什么我们说话时语调、语速会不同呢？这与我们的性格有很大的关系。这里只是做分析，希望大家不要随便给自己和家人"贴标签"。在茫茫人海中，有内向的人，有外向的人，有大大咧咧的人，也有谨小慎微的人。人的性格不可能都相同，就是因为人与人之间有性格的差异，才有了这个形形色色的世界。不同性格的人在不同的领域也会有着某些不同的造诣和特长。

一般来说外向的人说话的声音大，内向的人说话声音小，急性子的人说话语速快，慢性子的人说话语速慢。那我们为什么要练习自己的语调、语速，而不是按照自己的习惯讲话呢？为什么语调要该高时高、该低时低，语速要该快时快、该慢时慢呢？因为要照顾到听众的感受。听众里有各种性格的人，为了尽量让绝大多数听众都听得清、听得懂、听得舒服，那演讲者就要有一套相对标准的表达模式。

同样一句话，不同的语调会让聆听者有不一样的理解。举个例子，小宇的爸爸从外面回到家，虽然妈妈只说了一句："回来了。"但不同的语调带有不同的含义，给对方的感觉也是不一样的。

比如：

"回来了。"用温柔的语气轻声说，这代表关心。

"回来了？"用质问的语气说，这代表很生气，可能是嫌丈夫回家晚了。

"回来了?！"用狠狠的语气大声问，这是忍了很长时间的怒气，快要发作了。

同样一句话，不同的语气表达的效果和感觉却大不相同。

另外，同一句话表达时字词重音的不同，产生的意思也会不同。例如："小宇坐火箭去火星。"这句话里面有三个关键词，分别是"小宇""火箭"和"火星"，如果读这三个词时的重音不同，意思也会改变。

比如：

"小宇坐火箭去火星？"这句的重音在"小宇"这里，意思是小宇去，而不是其他人去。

"小宇坐火箭去火星？"这句的重音在"火箭"一词，意思是他坐着火箭去，而不是其他飞行器。

"小宇坐火箭去火星？"这句的重音在"火星"一词，意思是去火星，而不是去其他星球。

语调的变化是不是很有意思呢？

语速过快的一个重要原因就是紧张。如果一个人讲话时紧张，那他很可能想赶紧把话说完，情不自禁地加快了语速，这样的讲话就根本谈不上有情感可言了，甚至对方都听不清他在说什么。如果一个人刚刚取得了一个竞赛的冠军，这个时候他一定是非常自信的，说起话必然会声高有力。那一个人非常紧张的时候呢？心里没底，害怕出现不好的结果，说话的时候自然就会缺乏底气，说话结巴、颤抖，声音是无力的。

紧张

所以说要想减少紧张感，增强自信，能够大声地表达，就要让自己的内心兴奋起来。

心里兴奋不起来咋办？这里有两个办法——回忆和憧憬。首先是回忆，回想在自己的人生过往中那些让自己兴奋的事情，回味那种让自己兴奋并且美好的感觉。然后是憧憬，想象着自己演讲时，现场会爆发出热烈的掌声，自己很受欢迎。并在内心对自己说："兴奋！兴奋！我要兴奋！我的演讲一定是满堂喝彩！现场一定是掌声雷动！兴奋！兴奋！我非常兴奋！"

当然，练习和成长都是需要过程的。一个人的演讲生涯不会在一开始就顺风顺水。讲不好，丢脸了，都很正常。正像有句话说："丢脸才能长脸，只有小范围丢脸，才能大范围长脸！"所以，内心的强大也是成为一名优秀演讲者的关键。

内心强大也是成为一名优秀演讲者的关键

口腔操训练

1. 扩口练习

为了让发音更加清晰和自然,避免在当众表达时,出现咬字不清或是发音僵硬的现象,在上场之前可以进行一下扩口练习。声音通过声带振动和口腔的配合,才能完成输出。因此口腔肌肉的状态也会影响发音的质量。

扩口练习的第一个目的是提升肌肉的力量。我们有时说话的时间太长了,会感觉口干舌燥,口腔发酸,有时也会说着说着就"嘴瓢了",这就是嘴部的肌肉缺乏一定的锻炼,耐力不足的表现。训练能增强肌肉,肌肉影响爆发力和耐力。运动员的力量比普通人要强,是因为更强壮。讲话也是如此,一个嘴部肌肉强健的人说话的声音、状态和给人的感觉都不一样,这样的人讲话时往往透着力量,更铿锵有力。

扩口练习的第二个目的是让口腔的肌肉放松。我们早晨刚起床的时候,讲话的声音往往都是嘶哑的,说话吐字也不太清晰,为什么?因为经过一夜的睡眠,口腔的肌肉还没有完全"苏醒",还处于"僵硬"状态,它需要一定的时间,才会变得灵活、轻盈和自然。增加口腔肌肉的力量和使口腔肌肉放松,两者并不矛盾,而是相结合的,一个是耐力,一个是韧性。

练习:

(1)嘴部放松。

(2)缓缓将嘴巴张开,尽量接近能张开的最大程度,暂停3秒钟左右,然后再将嘴慢慢合上。如此反复练习,每次练习的频数和时间因人而异,我练习时会设定每5回合为一组,每次练习3至5组,每组之间适当停顿休息。

（3）练习完毕后，活动嘴唇，尽量放松嘴部肌肉。

2. 舌尖绕行练习

如果扩口练习是口腔外部练习，那舌尖绕行练习就是口腔内部的练习。此练习的目的是：

（1）锻炼舌头的力量和灵活性。

（2）通过舌头的适度按摩和挤压，促进口腔内血液循环，让口腔肌肉更加灵活、放松。

练习：

舌头先伸到上门牙与上嘴唇内侧之间，然后顺时针方向围绕着牙齿与口腔壁之间画圈，我通常每次练习时，每5圈为一组，练习3组。然后再按逆时针方向旋转，也是每5圈为一组，每次练习3组，每组之间适当停顿休息。

3. 气泡音练习

气泡音练习的目的是通过练习产生振动，通过振动达到按摩声带的作用，缓解喉部和声带的疲劳。适合在演讲结束和演讲中间休息时进行。

练习：

练习时，嘴巴微张，放松口腔肌肉和喉部肌肉，保持愉悦的心情，先深吸一口气，然后缓缓用嘴呼出，发出类似"啊"的音，呼气与发音配合进行，要轻、要缓、要连贯，直到气息和声音都变小为一次练习结束。我练习时每3次为一组，每回练习3至5组，每组之间适当停顿休息。

胸腔发音训练

我们平时讲话时，主要是用到声带、口腔、舌头等部位。也会用到胸腔，但多数人的胸腔发音感觉不是很明显。有的人讲话时，声音浑厚，声如洪钟，好像还伴着回声一样，就会羡慕和好奇。他们是如何做到的呢？是天生如此吗？当然，有人天生声音就好听。但是，我觉得多数的"好嗓子"都是练出来的。他们用到的就是我们今天讲到的胸腔发音的技巧。

练习：

第一步，身体站正，把注意力集中在小腹部位，这里通常是讲话的发力点，体会腹部发力的感觉，用短促的爆发力发出"哈"或"吼"的音，发音时双手握紧。

来，练习腹部发力音10次

我们在咳嗽或是打喷嚏的时候，也主要是腹部用力。

哈！哈！哈！
哈！哈！哈！
哈！哈！哈！

第二步，保留住腹部发力的感觉，再用胸腔共鸣来"修饰"你的声音。关于胸腔共鸣我们一起来感受一下。闭上嘴巴，吸一口气，然后用鼻子缓缓呼出的时候，同时发出"eng"的音。发音的同时，我们用手摸一下自己的胸口，是不是能感觉到胸腔在振动啊？神奇吧？这就是胸腔共鸣的感觉。

接下来，尝试用腹部发力和胸腔共鸣来朗读一段《春江花月夜》：

春江潮水连海平，海上明月共潮生。
滟滟随波千万里，何处春江无月明。

高声朗读训练

读书、读书，读书就要读出来。看书是眼睛看和内心思考，而读书是眼睛看，嘴巴读，耳朵听，内心在思考。在不打扰到别人的情况下，经常进行高声朗读的练习，对记忆、发音和表达都有一定的帮助。并且在朗读的同时，也能同步进行语调和语速的练习。

朗读一段文字：

用演讲让世界听见我的心声！
用演讲让更多人为我的梦想见证！
我只要一开口，语言的巨大力量将穿透所有障碍，为我的成功铺平道路！我就是天生的演讲高手！
我用演讲助力我无比精彩的人生！

自听自话训练

把自己的一段演讲录制成音频,自己再听一遍或者几遍。听的时候,把自己当成听众,找出演讲中的不足,体会一下自己的语调和语速是否合适,最后进行修正和完善。

例文:

我和好朋友小宇到张奶奶家去看她家的那只鹦鹉。我们和张奶奶打了招呼后,便来到了那只鹦鹉跟前。它正站在一个小秋千上,全身五颜六色的羽毛漂亮极了,关键它还会学我们讲话。

小宇是个急性子,讲话也比较快,对着鹦鹉就说:"你好!"鹦鹉看了看他,也说了句:"你好!"我俩听后高兴极了,觉得鹦鹉会学说话这件事儿很新鲜。

我对着鹦鹉慢慢地说:"你会飞吗?"鹦鹉听后歪了一下头,好像有点儿蒙。于是我又说了一遍:"你会飞吗?"过了几秒钟,鹦鹉说了一句:"会飞吗?会飞吗?"我和小宇听了哈哈大笑,连一旁的张奶奶也被逗笑了。

小宇说:"你是在问我会飞吗?我当然会,长大了我要当飞行员,不就飞起来了。"鹦鹉盯着小宇看了一会儿,好像想要说什么,但嘴动了两下又没说。

我对小宇说:"你刚才那句话太长了,它记不住。另外,你要慢点儿说。"小宇听了点点头,又对着鹦鹉说:"我要当飞行员。我要当飞行员。"鹦鹉听了,这才大声地说:"飞行员。飞行员。"我和小宇又高兴地笑了。

口诀总结

本章内容总结的口诀是：

咬字清晰气饱满，高声朗读常训练。
讲话沉着不要慌，一板一眼节奏感。
高低起伏随情绪，轻重语气会切换。
声音动听让人醉，高手表现不一般。

吐字清楚能让人听起来不吃力、很舒服。你的气息强弱能反映出你的精神状态。专业的演讲者往台上一站，一开口，就与众不同，底气十足，讲话清晰，让人听了回味无穷。平时多进行高声朗读的训练，练眼、口、耳和心的配合，练胸腔发音，练语调语速，练内容记忆。掌握好讲话时的节拍和节奏。演讲时的语调语速，以及语气的轻重要随着所讲的内容中情绪的不同而做出相应的变化。通过练习，我们的声音会越来越好听。所谓演讲高手，就是让人一看，眼前一亮；让人一听，心中一惊。

作业：声音模仿练习

模仿 3 到 5 个人（可以从爸爸妈妈、爷爷奶奶、外公外婆、兄弟姐妹等中挑选）的讲话，或者模仿电视剧、电影里面经典的讲话。每人一句，内容可以是对你的鼓励，或者是他们的口头禅，尽量模仿出他们语调语速的特色，录制一段一分钟以内的视频。

第二部分

好的心理：成为强大的自己

◎ 自我暗示获得心理能量

◎ 自我介绍让更多人记住你

◎ 好故事胜过好道理

◎ 脱颖而出，自信主持

第五章

自我暗示获得心理能量

据说有一个实验，一位催眠师将一个人催眠后，拿着一个冰块在那个人的手臂上划了一下，并告诉他这是一块温度极高的木炭。那个人竟然产生了被火灼烧的感觉。这个故事说明了由于信任催眠师的话或者被催眠的原因，当催眠师说那是温度极高的木炭时，那个人就给了自己暗示——这是木炭，会很热，于是身体就出现了被木炭灼烧的反应。

还有一个实验，老师找来一些同学，分别和他们单独聊了几句，然后再把他们叫到一起，问了大家一个问题："刚才我和大家单独聊天时，我是左手拿着一本书，还是右手拿着一本书？"绝大多数的同学都回答了左手或是右手。但其实当时老师的手里根本就没有书。那为什么会有那么多同学回答左手或是右手呢？是因为老师给了他们一个暗示——老师手里是有书的，所以很多人下意识地回答是左手或者右手。

> 你的变化非常大,你很用心!

> 我一定能行!

你在生活中有没有遇到过类似的事情?有一天小丽看到她的几个同学聚在一起小声地讨论。她离得比较远,听不到他们在说些什么,于是怀疑他们在议论自己。之后这种感觉越来越强烈,好像有人在用异样的目光看着自己,她还产生了很强烈的被他们嘲笑的感觉。但后来通过一个当事人证实,他们当时在聊的是关于宇宙起源的问题,根本就没有提到小丽。那小丽当时为什么会出现那么强烈的错觉?就是因为她的心理作用,是她自己给自己的暗示。

之所以在演讲时出现紧张、忘词等不好的现象,除了准备不充分的原因之外,还有心理暗示的作用。还没有开口讲话,自己就在心里说:"完了,今天肯定讲不好了,一会儿忘词了咋办?大家不鼓掌咋办?"然后心跳得越来越快,很多不好的画面在脑海中出现。这种情况下你怎么会有稳定的发挥呢?

在演讲中需要有一个非常重要的自我暗示,那就是自信的暗示。相信自己，才会有十足的动力，才会欣然接受真诚的赞美与鼓励，才会不为恶意的怀疑与否定所动，才能让自己向前的脚步坚定不移。要让自我赞美与鼓励成为一种习惯！要做自己人生的导演和编剧，精彩还是平淡，全在自己的设计。

琨哥说

在"一代天骄青少年素质成长营"的课程中，我会带着现场的孩子们做自我暗示，让大家更快、更有效地调整好状态和心态，这样才会有更好的学习效果。试想一下，有些孩子在早上刚起床的时候，好像还没睡醒，说话也有气无力的，那他的一天又怎么能有好的状态呢？

"早上精神，一天精神。早上开心，一天开心。"什么样的人才容易成为团队的领导者？就是那些任何时候看上去都元气满满、充满力量的人。为了状态更好，可以每天早上来一段《能量晨语》：

睁开眼睛，到处是风景；
伸出双手，拥抱好心情；
大声说话，远处有回声；
保持微笑，快乐又轻松。

正向自我暗示

第一点，100% 相信自己。

"自信就是自己相信自己。"相信自己就是肯定自己所有努力。如果连你都不相信自己,那别人怎么相信你?这里的相信自己不是盲目地相信,而是有准备、有信心、有欣赏、有计划地相信。

有这样一个故事。

300多年前,在英国有一位年轻的建筑设计师叫莱伊恩,这位设计师除了设计经验丰富,他还有一个最大的优点,就是非常自信。

有一次,他很幸运地被邀请参加温泽市政府大厅的设计。他也想通过这次机会好好展现自己的才华。于是,他根据自己积累的经验,又运用丰富的工程力学的专业知识,很巧妙地设计了只用一根柱子支撑大厅天花板的方案。巨大的、沉重的天花板,只用一根柱子来支撑,这在很多人看来是不可思议的。经过了一年多的施工,市政府邀请权威人士对市政大厅的工程进行验收,结果莱伊恩的创意设计遭到了否定,相关负责人责令他再多加几根柱子,以保证大厅的安全性。

但是,自信的莱伊恩却坚信自己的设计,并运用了自己的专业知识,通过详细的计算和列举实例据理力争。他的固执与争辩惹恼了当时的市政官员,他还差点被送上法庭。在万不得已的情况下,莱伊恩想出来一个万全之策,他煞有介事地请工人在大厅里增加了4根柱子,但是这些柱子并没有与天花板接触,而是留有空隙,但人站在地面的时候发现不了这点。也就是说,后加的这四根柱子只是装装样子给验收人员看的。就这样,莱伊恩的设计通过了验收。

时间过了300多年,谁也没有发现这个秘密。这期间大厅的天花板也没有出现什么险情。直到20世纪后期,市政府在修缮大厅的天花板时才发现这件事情。并在中央圆柱的顶端发现了一行字:自信和真理只需要一根支柱。

这个故事展示了莱伊恩的自信。他的自信源自他的学识、经验,他并不是盲目的自信。我们现在学习、练习演讲,通过用心学习和大量练习之后会发现,你比那些从来没有用心练习过演讲的人要自信得多。所以大家记住一句话"体验越多,自信越多"。

那还有什么能让自己更自信呢——拥有一个特长,也就是能让你与众不同的、脱颖而出的技能。比如,一位老师提问:"学校即将举行秋季运动会,想报名的同学请举手。"班里的小明"唰"地把手举起来,信心十足地说:"老师,我报名。我能拿很多比赛项目的冠军。"但是平时一提到做题和背文章,他却眉头紧锁,为什么?因为他觉得自己在做题方面表现得不是很好。但他天生身体素质就好,跑步更是长项,再加上平时喜欢运动和锻炼,跑步就成了他的特长。因此当老师一提到运动会,他就超级自信。

想一想,你的特长是什么?

第二点,敢于面对现实,接纳自己。

这里提到的现实主要指的是过去的自己和已经发生的事情。过去的经历、过去的一切已然过去了。成功也好,失败也罢;长脸也好,丢脸也罢,都是自己人生的一部分,我们现在最需要做的是过好现在和规划好未来。如果不学会忘记和接受,就很难快乐和幸福。我们从外面买了很多东西,回到家就会放下,然后才能腾出手来做事情。过去的那些烦心事,如果你放不下,就相当于一直在往自己的身上增加重量。不懂得放下负重就会越来越多!什么叫轻松?轻松就是放下一切烦恼和负能量,连心都是空灵的。

第三点,敢于面对失败,并总结经验和教训。

我们难免会遇到失败。如果你恐惧失败,就不敢迈出前行的脚步。你不小心踏进泥坑中,可以换下弄脏了的鞋子和袜子,重新上路,或是压根就不在意而一直前行，没必要因此蜷缩在原地难过地哭泣。你的勇气会让你觉得世上根本就没有难走的路。

无论演讲还是做其他事情，失败了，让人嘲笑了，此时应该做的是总结失败的原因，找到改变的方法，为下一次的成功做准备！快乐的人之所以快乐，是因为他没有时间烦恼。假如你参加了一场演讲比赛，最后却被淘汰了。你会是什么心情？羞愧？难过？这些在我的身上都发生过。

那时我在读初中，有一次参加了一场演讲比赛，上场前我非常紧张，不断地给自己不好的心理暗示："我不行，我紧张，我不行，我紧张。我能不能放弃？我好害怕。"结果和我想的一模一样——惨遭淘汰。也就是说，当你心里充满了消极的想法和暗示的时候，脑海里出现的便都是与其相符的画面，这样怎么会有好的结果呢？但换一种思维，如果给自己的暗示都是积极的、正向的、美好的："我可以，我最棒，我能行，我元气满满，我信心百倍。"那在你的脑海里就会有很多成功的画面，心里就会充满成功、喜悦、快乐、轻松，自然会表现得越来越好。

那次我被淘汰了以后,有一点难过,但没有哭,也没有因此而恐惧演讲。我首先总结了自己被淘汰的原因,然后又认真分析了那些表现比较好的选手,他们的表现好在哪些方面?手势、表情、声音、互动,还是自信等。那是我人生当中第一次参加比较正式的演讲比赛,虽然惨遭淘汰,但是我很感谢那次经历。因为敢于面对,所以我变得更加勇敢!因为不断总结经验,所以我后来才能在台上有更大的施展!

第四点,敢于接受他人的赞美与鼓励。

优秀就是优秀,对于他人真心的赞美要坦然、大胆地接受,并向对方致谢。面对他人真心的赞美与鼓励,如果你过度谦虚、唯唯诺诺,会让别人觉得你不配拥有这些荣誉,也更对不起你的默默练习与努力。比如有一位阿姨对你说:"这个孩子口才真好啊。"那你就可以自信地说:"谢谢您的夸奖!您的气质真好!"当你自信地接受了夸奖,并回馈给对方谢意和赞美的时候,双方都会皆大欢喜,你给别人留下的印象也会更好。

当然,我们的用心和努力并不仅仅是为了博得他人的赞美,但是敢于接受他人真诚的夸奖与鼓励会提升自己的自信心,也是对自己的奖赏。

第五点,自我欣赏与自我奖励。

时常对着镜子赞美自己!在内心之中肯定自己!不要有看不起自己的想法和举动。这一点与自我反省并不矛盾,就像父母批评孩子的同时,并不影响给予孩子喜爱和信任。

当你取得一些成绩或是完成一次演讲的时候,记得要给自己及时、适当的奖励,这些奖励会变成将一个好习惯坚持下去的动力。实在不知道该奖励自己什么的时候,给自己一个由衷的赞美也是特别温暖的。

第六点,懂得打造自己。

(1)形象

常听人说:"许多人在放弃努力之前,最先放弃的就是自己的形象。"

一个人在忽视自己的价值之前，最先忽视的是自己的打扮和着装。因此，请记住，成功时要有成功的形象，即使失败了，也要尽量去保持成功时的样子，只有这样，你才更有机会让自己以后获得成功！

我演讲时的着装以适合演讲的场合为宜，平时的着装并不是非要穿多么好，以得体、大方、干净、整洁为主要标准。

（2）健康的体魄

锻炼身体是为了让自己保持饱满的精神状态。如果身体不舒服或是体力不支时，会严重地影响演讲者在台上的发挥。有个现象你注意到没有？当你身体状态好的时候，你的心情基本上也会很好，更容易有超常的发挥。

（3）心态

有的人心里只要有一点事，就吃不下饭，睡不好觉。凡是能取得大成就的人，内心都非常强大，遇到难题时，该吃吃、该睡睡，只有养足精神，才能继续奔跑！

明朝的王阳明少年时的志向便是读书做圣贤，但他却两次会试落榜。当许多落榜的人在哀叹、痛哭的时候，王阳明却淡然地说道："世人以落第为耻，吾以落第动心为耻。"这句话后来传说的版本很多，但意思都差不多。他的意思是说，世人因为考试不中而感到羞耻，而我会因为考不中就灰心丧气、自我怀疑而羞耻。所以说，迈向伟大志向的脚步不要因为一些失败和挫折而停滞不前。

不管在哪个领域，要想取得大成就，具备强大的内心和非凡的胆量是非常重要的。比如在奥运会或是世界大型赛事中取得冠军的运动员，他们平时训练付出了常人难以想象的辛苦和汗水，更关键的是在比赛现场要承受巨大的压力。你想想，现场观看比赛的人那么多，通过直播观看比赛的人又那么多，和自己同场竞技的又都是世界级高手，都在跃跃欲试地想夺得冠军。所以，在这样的压力下，运动员能顶住压力，正常或超常发挥，甚至取得了世界冠军，是多么不容易的一件事啊！

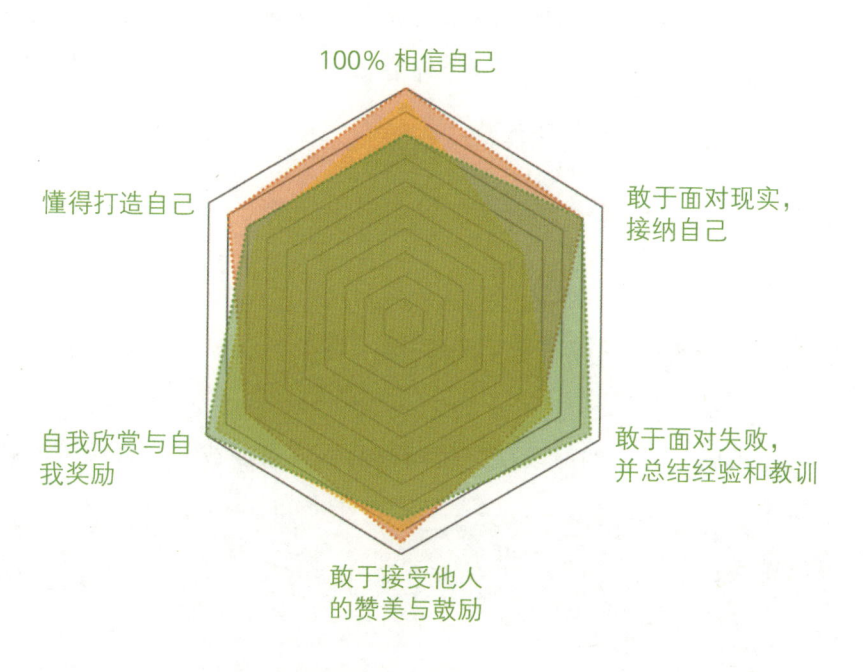

100% 相信自己

懂得打造自己

敢于面对现实，接纳自己

自我欣赏与自我奖励

敢于面对失败，并总结经验和教训

敢于接受他人的赞美与鼓励

正向自我暗示的6个要点

口诀总结

本章的口诀总结是：

人生一世本不同，理性对比放轻松。
独一无二就是我，自我欣赏勤用功。
我行我能我最棒，信心十足事易成。
认真做好当下事，后悔遗憾有何用？

> 我行、我能、我最棒，信心十足，自我欣赏，这些你学会了吗？如果有人问你，这个世界上谁最爱你，你可能会回答是爸爸妈妈、爷爷奶奶、外公外婆、兄弟姐妹，但是，你还忘记了一个人，那就是你自己。

作业：朗读欣赏自己的话

写出欣赏自己的一段话，用朗读的方式录制成一段视频（不超过2分钟）。

范文：

每当我看到自己，都会心生欢喜。我自信勇敢，我能量满满。我的头脑越来越智慧，我的身体越来越健壮。我用双手实现心中的梦想，我用双脚走向我要到达的地方。我懂得累积经验，我懂得自我反省。我会接纳自己的过去，我会珍惜自己的现在，我会憧憬自己的未来！在这个世界上，我是独一无二的！我爱我自己，我要通过努力让自己的人生更有意义！

第六章

自我介绍让更多人记住你

别人为什么不搭理你、不赞美你、不支持你、不帮助你？很可能是因为别人不认识你、不了解你、不喜欢你、不看好你。如何能让更多的人认识你、了解你、更加喜欢和看好你？一个非常有效的方法就是敢于做自我介绍。

从小学到初中、高中，再到大学，和同学相处、交朋友、竞选、参加演讲比赛和各种演出，都要自我介绍。毕业后找工作、面试、进入职场、与同事交往、向领导汇报工作、见客户、谈项目也要自我介绍。在生活中交朋友、参加聚会也需要自我介绍。甚至可以说，自我介绍是人生中用得最多的演讲。所以我们一定要精通自我介绍，在未来的众多场合去运用、展示。

能够名扬四海的几乎都是那些在某个领域有杰出贡献的人。而作为一个普通人，可能与你同在一所学校、同住一个小区的人都还不认识你。为什么你的影响力还不够大？有一个重要的原因，就是你对自己的宣传不到位。如何提升你的影响力？影，可以理解成影像，就是要多在众人面前露脸儿；响，可以理解成声响，就是要让更多人听到你的声音。

也就是说让更多人看到你，让更多人听你讲话，你的影响力才会越来越大。

现在是互联网的时代，有许多人因此出名。一个重要的原因就是他们频繁地出现在网络上，每一次出现都是在向公众展示自己，从而加深别人对自己的印象，也就是他们乐于并敢于向公众展示和介绍自己。

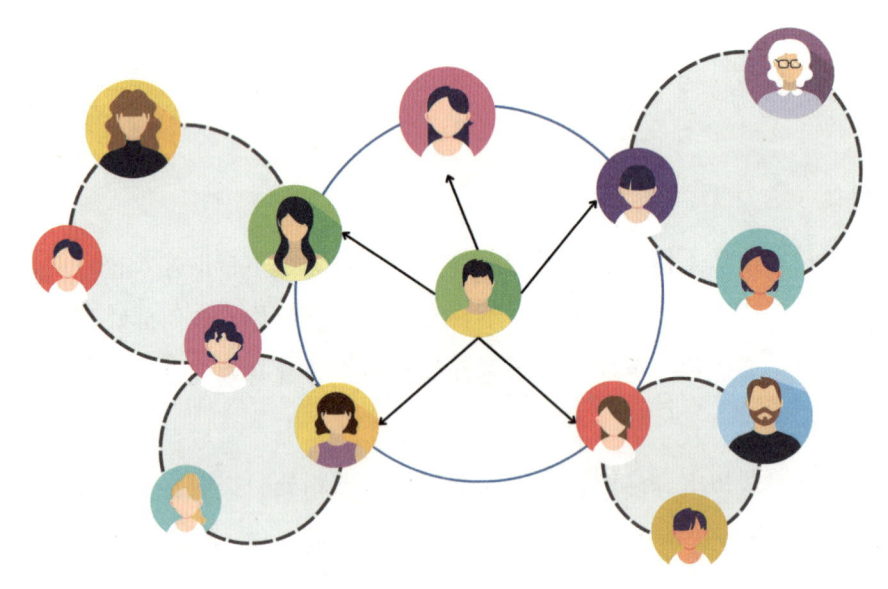

人际关系传播网络

在演讲中也经常会用到自我介绍。自我介绍能快速建立观众对你的信赖感，从而拉近你与观众的距离。通常根据演讲场合、观众类型和演讲需要，演讲者会运用不同类型的自我介绍，其中有两种自我介绍较为常见。

常用型自我介绍

常用型自我介绍在平时的大多数场合都能使用，特点是简明扼要，不需要过多的准备。常用型自我介绍的模板是：

（1）问候；

（2）来自哪里和姓名；

（3）爱好和特长；

（4）人生格言；

（5）祝福语。

在练习自我介绍时，要加上前面所学的一些内容，像站姿气质、肢体动作、面部表情、语调语速，把这些元素在自我介绍中做一个综合的体现。

我们先看第一项——问候。

例如：

首先问候一下在场的各位朋友、各位伙伴，大家好！

首先问候一下在场的各位老师、各位同学大家好！

首先问候一下在场的各位叔叔、阿姨，大家好！

不同的演讲场合要有不同的称谓。

如果现场既有长辈，又有哥哥姐姐和弟弟妹妹，那就可以说："首先问候一下在场的各位长辈，各位兄弟姐妹，大家好！"

注意，问候时要把辈分和身份高的人的称谓放在前面。如果人实在是太多，有长辈，有老师，有朋友，有同事，又不是特别严肃的场合，那这个时候就可以简单地说："大家好！"如果是正式的场合，就可以说："尊敬的各位来宾，大家好！"

第二项是来自哪里和姓名。

例如，我是来自山东的王琨。根据演讲的场合，告诉大家自己是来自哪里的。比如在学校里演讲，就可以说自己是某年级某班的某某某。假如是离开了学校却没有离开家乡的演讲，就可以说我是来自某某学校的某某某。在自己家乡之外演讲，就可以说出自己家乡的名字，如河北邯郸、山东青岛、辽宁沈阳等。

第三项是爱好和特长。

例如，我的爱好是读书，我的特长是演讲。爱好是自己喜欢做的事情，特长是自己比较擅长的事情。这里说的爱好和特长是正向的、积极向上的。比如不能说："大家好！我的爱好是吃饭，我的特长是睡觉。"

第四项是人生格言。

例如，我的人生格言是"成功的演讲是智慧的人说着智慧的话"。人生格言是你最喜欢的、正能量的、励志的一句话。

第五项是祝福语。

例如，祝愿大家从见到我的这一刻起，幸福永相伴，快乐永相随！谢谢大家！给到现场观众一句或一段祝福的话语。最后再说一声："谢谢大家！"

琨哥说

为了方便记住这个常用型的自我介绍，大家可以把每一项的第一个字记住，"问、来、爱、人、祝"。那有的人会说这也不太好记啊，那就尝试把这几个字用一个场景串联起来，比如说"问"问"来"的宾客"爱"吃什么，"人"家说我只是来"祝"贺的。"问、来、爱、人、祝"。你看，这样是不是就能更容易记住了？

问候 → 来自哪里和姓名 → 爱好和特长 → 人生格言 → 祝福语

常用型自我介绍

难忘型自我介绍

这是一种能给观众留下深刻印象的，或是能够彰显自己独特个性的自我介绍，但需要提前做一些准备。我把难忘型自我介绍分为两种：

第一种是其中的展示让人难忘。

在自我介绍的开始、中间或是结尾时进行一段才艺展示，比如唱歌、跳舞、武术、魔术、乐器表演等，或是与观众互动提问，讲一个幽默笑话。

使用才艺展示做自我介绍时的注意事项

（1）展示的时间不能过长，它只是为了起到吸引观众注意力，让观众对你印象深刻的作用。明明应该将时长控制在一两分钟内的自我介绍，你介绍半个小时就不合适了，这样容易引起观众的反感。

（2）如果是乐器表演，最好是比较方便携带的乐器，比如口琴、笛子、巴乌等。

（3）进行的表演一定是非常震撼的，让人眼前一亮或是陶醉难忘的。

许多年前我参加一个活动，其中一个人的自我介绍给我留下的印象非常深刻，以至于现在只要一回想起来，我还有一种在现场的感觉。

一个20多岁的小伙子，穿了一套白色的武术服装，大眼睛、高鼻梁，皮肤黝黑，身材非常好，腰杆挺直，走路生风，一身的精气神。他走上舞台，未曾说话，先练了一套气势十足的拳。然后他向观众一抱拳说道："一对铁拳游四海，一双钢脚走八方。大家好！我是一名武术教练。"然后说出了他的家乡和名字。很多观众都看呆了，现场掌声雷动。他的自我介绍从头到尾仅两分钟，却能让人记住20年。这就是一次成功的难忘型自我介绍。

大家好！我是一名武术教练。

难忘型自我介绍

第二种是介绍的内容很让人难忘。

比如说出自己名字的寓意，或是讲一个让人震撼、意外、难忘的故事等。

先说名字的寓意。你之所以叫现在这个名字，一定是有缘由的。如果你在做自我介绍时，能把自己名字正向的、震撼的寓意说出来，就会给人留下更加深刻的印象。有人会说："我的名字很普通啊，也没有特别深的寓意，怎么办？"其实，好好想一想，或是看看书，或是问问爸爸妈妈就能找到自己名字里的深刻寓意。

接下来，再说一下关于自己的姓应该如何介绍。比如姓赵，就可以说：" '赵'是赵钱孙李的赵。"这样大家就会明白了。如果姓张，就可以说："'张'是弓长张。"如果是章，就可以说："'章'是立早章。"或是说出与自己同姓的名人。比如姓卫，就可以说："'卫'是卫青的卫。"卫青是西汉时期著名的将领。这里要注意，所提到的名人应是名声很好的人物。

假如有一个孩子的名字叫"常回"。这个名字可以怎样介绍寓意呢？他可以这样说："大家好！我叫常回。常是经常的常，回是回家的回，我名字的寓意是父母希望我志在四方，将来能有一番作为，但是也希望我能经常回到家看看他们。我的名字里包含了父母的爱和期望。"这样的介绍让人听了之后会感觉这个名字真的是太美妙了，同时也更容易记住这个人。可能同名的人有很多，但是因为我们赋予名字的寓意不同，带给别人的感受就会不同。现在，大家想一想如何为自己的名字赋予正向、震撼的寓意吧。

如何用故事让自我介绍变得难忘？

用的故事要非常震撼，让观众听后久久不能忘记，也就是因为一个故事从而记住了一个人。在一次晚会上，一个10岁小女孩儿的自我介绍，令人印象深刻。她上台就讲了一个故事，开头是这样说的："大家好，今天我的两个爸爸和两个妈妈也来到了现场。"多数的观众听完她这句话，估计都会很好奇，心里就会琢磨："为什么她会有两个爸爸和两个妈妈？"于是，大家就会全神贯注地听她接下来的演讲。原来这个小女孩儿有一位干爸和一位干妈，他们也是她爸爸妈妈的好朋友。她开场的一番话成功地吸引了大家的注意力，然后她又说出了自己的名字、爱好、特长等。显然，她的这次自我介绍也是非常成功的，因为引发了大家的好奇心，给大家留下了深刻的印象。

认真地想一想，自己的经历中有哪些比较震撼的故事能放在自我介绍里，让观众听后产生浓厚的兴趣，或是深受感动。当然，我们要讲的故事得是积极、正向的。

口诀总结

本章的口诀总结是：

有展示才有认识，有认识才有认可。
有认可才有机会，有机会才有成功。
常用介绍很简单，首先开口问声好。
家乡姓名要说清，爱好特长随后到。
人生格言座右铭，祝福谢谢后面跑。

这个口诀很简单，也很实用，也包含了关于常用型自我介绍的记忆顺序。

记住这个口诀，未来在绝大多数场合都能用到。当别人自我介绍时支支吾吾，不知该说些什么的时候，如果你能自信地、逻辑清晰地说出一段超级流利、动听的自我介绍，会让在场的人对你的印象更深刻。

自我介绍看似很简单，但它的用途却非常广泛。未来参加演讲或进入一个新的社交场合时，大部分都需要先介绍自己。开场时成功的自我介绍会让你在接下来的活动中获得更多关注或取得更好的社交效果。

作业：自我介绍

参照范文，设计一篇常用型自我介绍，背诵一遍，并录制成2分钟以内的视频。这里要说一下，虽说是常用的自我介绍，但在第二项中，可以尝试加上自己名字的寓意。相信自己，你是独一无二的，你的名字也是意义非凡的。

第七章

好故事胜过好道理

　　大家有没有发现，很多人都不爱听"大道理"，但是绝大多数的人都爱听故事。因为故事能满足人们的好奇心，故事能激发观众的倾听欲。我们在听故事的时候，有时会替故事里的人高兴，有时也会替故事里的人着急，有时联想到自己的过去，有时心中感到无比振奋。随着故事情节的发展，我们的脑海中会生成一幅幅画面，就像看电影一样。

>从前，有一个老人叫愚公……

多数人都爱听故事

在演讲中最吸引人的、最能证明演讲者观点的，往往就是其中的故事了。故事能帮助你把心中的想法表述得更清晰。把故事讲精彩，能让你的演讲更加生动、震撼。所以，大家记住一句话：演讲高手也是讲故事的高手。

不同的故事给人带来的感受也不同。好听的故事能让人如痴如醉，难忘的故事能让人细细回味，滑稽的故事能让人忘掉烦恼，感人的故事能让人哽咽流泪，励志的故事能让人充满力量，英雄的故事能让人心生敬佩，哲理的故事能让人举一反三，坚持的故事能让人看淡疲惫，智者的故事能让人告别迷茫，勇者的故事能让人无惧无畏。我们听着故事长大，后来自己又成了故事，并经常把故事讲给别人听。

讲什么样的故事

1. 讲自己的故事

自己的故事就是自己亲身经历过的事情。这种类型的故事最大的好处就是能让观众觉得更真实，自己讲起来也非常有感觉。因为这些事发生在自己身上，所以当你再次讲述的时候，你的身体会出现熟悉的感觉。

有一位 8 岁的小男孩讲了一个他换牙的故事：

有一天，我发现有一颗牙有些松动了，于是告诉了妈妈。妈妈说："不要动它。"可这件事却成了我的一块心病，没事就照着镜子看看。有时还会梦见自己那颗牙已经掉了，可早晨起床才发现那只是一场梦。直到有一天，我和几个小朋友在一起玩，一个不小心，我和小朋友撞在了一起，觉得嘴里很疼，烦了我很久的这颗牙终于掉了下来。最后，我拿着这颗牙跑到妈妈面前，举着牙，张着嘴，开心地笑了起来。

这段讲述里有很多细节和感受，为什么会这样详细呢？是因为这是他自己的亲身经历。当时的感觉和情景还存储在心里。但不是所有的故事都适合出现在公众演讲中，要讲就讲对人有帮助的故事。比如，自己努力拼搏、自己学习成长等正向的、积极的故事。那么，讲一个幽默的故事对别人有帮助吗？当然有，这是在帮助别人获得快乐。听到故事的人哈哈一笑，可以忘掉烦恼。

2. 讲家人的故事

可以讲发生在爸爸妈妈、爷爷奶奶、外公外婆、兄弟姐妹等家人身上的故事，同样也要选那些对听众有帮助的、正向、积极的故事。比如关于能反映他们勤劳、勇敢、善良等良好品德的事情，或是生活中幽默、轻松的、能给人带来启发的故事。

例如，9岁的小红讲了一个故事：

我的爷爷已经70岁了，他虽然有些驼背，但是身体非常好。他总幽默地说自己还是个"小伙子"，走起路来特别快，说话声音也很洪亮，充满了活力。我在家的时候，爷爷经常陪着我；我不在家的时候，爷爷就去外面溜达，但不是漫无目的地走，而是把一些别人不要的废品捡来卖掉。比如废纸壳、瓶子和易拉罐什么的。卖掉这些废品能换来的钱不多，他几乎都用来给我买一些学习用品，比如笔和本子什么的，有时也会给我买一些课外书。

我觉得爷爷很了不起，不仅是因为他很关心我，更是因为他让自己的生命变得更加有意义。他经常说卖掉的废品会被回收利用，这是一件很有意义的事情，叫"变废为宝"。除了捡这些废品外，如果看到路边或是草地上有垃圾，他也会尽自己所能地把它们捡起来放进垃圾箱。用他的话来说，叫作"美好的家园是建设出来的，美好的环境是爱护出来的"。

这就是我的爷爷，一个70岁的"小伙子"，让自己的人生变得更有意义的同时，也爱着家人和社会。我为他自豪！

这个故事中，小红讲到了爷爷的外貌、状态、习惯和情怀。虽然讲的是生活中的一些看似平常的事情，却让听众感受到了小红爷爷身上所具备的高尚的品质。这个故事讲得很成功。

3. 讲名人的故事

通常名人故事的影响力、感召力和说服力更大，更能有力地证明一个观点或是一种精神。在听众的心中也会留下比较深刻的印象。

比如，小壮在一次演讲中就引用了一位名人的故事。他的演讲题目是《偶像的力量》：

了解我的同学都知道，我特别喜欢锻炼身体，而且自学了一些武术。虽说自己现在的水平一般，但是我会坚持下去，我练习武术除了想强身健体外，也是为了追求一种精神，那就是勇敢的精神。我之所以有这种想法，完全是受到了一位偶像的启发，他就是李小龙。现在，我向大家简要地介绍一下我的这位偶像。

李小龙原名李振藩，祖籍是广东顺德，他是武术技击家、武术哲学家，截拳道创始人，中国功夫全球首位推广者。在他所有的功夫中，我最迷恋的就是他练的双节棍和寸拳。他练的双节棍简直是出神入化、勇猛无比。所谓寸拳就是在非常短的距离发出巨大的力量。

我看过一些关于他的资料，据说他的寸拳所击出的寸劲可将一名体重 75 千克的人击出几米远。他用侧踢可以把一只 45 公斤重的沙袋踢破。他一拳能打出 400 千克的重量。他参演了许多电影和电视剧，让世界上的许多人认识、了解了中国功夫。因为李小龙，许多外文的字典和词典里都出现了一个新词"kung fu"（功夫）；因为李小龙，很多外国人专程来到咱们中国学习中国功夫。哇！他太厉害了。

所以我要学习他的武术精神。我要用这种精神来激励自己，让自己变得更加勇敢。长大后用自己的实力影响和激励更多人！

很多人听到这个故事，脑海中应该会浮现出一位功夫巨星的身影。小壮从自己的习惯开始讲起，再讲到自己的偶像，又把自己偶像的一些厉害的地方做了讲述。最后，又回到自己的身上，他要用这种武术精神让自己更加勇敢。

如何讲故事

关于讲故事，最主要的一点就是要讲明白，让听众听得懂你在说什么。那么，要想把故事讲明白，首先要确定基本架构，比如谁在什么时间、什么地点做了什么事情，他为什么做这件事情，他是如何做这件事情的，最后的结果是怎样的，这件事让我们懂得了什么道理，等等。如何让故事更加精彩、震撼、动听，更有感染力？可以总结成 5 个关键词：画面；节奏；提问；悬念；观点。

让故事更能打动人的5个关键技巧

- **画面。** 故事是讲的，不是读的。
- **节奏。** 情节跌宕，扣人心弦。
- **提问。** 引发好奇，抛出观点。
- **悬念。** 让人期待，让人猜想。
- **观点。** 产生共鸣，采取行动。

例如下面这个小故事。

小宇要参加一场演讲比赛。上场前,他特别紧张,因为他从来没有在这么多人面前演讲过。看到现场几百名观众,他的心怦怦直跳。他最担心的就是忘词。他越想越紧张,额头和鼻子上都冒了汗,拿着话筒的手一直在颤抖。此时,在他之前的一名参赛者在演讲时忘了词,正在尴尬地语无伦次,他看到之后心里更加紧张了。

大家想一想,如果换成是你,你会怎么办?这时,班主任走了过来,用关切的眼神看着小宇说:"紧张了吧?紧张是正常的,来,拿着。"老师一边说着一边递给了小宇一个对折的小卡片,并笑着说:"如果你真的忘词了,就打开它看一下,里面是你的演讲稿,我把它缩印了一份。加油!"小宇一听,顿时有了底气,心情一下舒缓了许多。他打起精神走上舞台,开始了他的演讲。因为多日的用心准备和练习,再加上手里有了这个"定心丸",他非常圆满地完成了这次演讲。当他走下舞台,老师笑着对他说:"祝贺你,你讲得真棒!"小宇激动地说:"谢谢您,老师。是您的鼓励和卡片让我更有信心。"老师笑着说:"其实,你要对自己更有信心一些,你打开卡片看看。"小宇打开卡片,哪里是什么演讲稿啊,卡片里面只写了四个字"相信自己"!

自信是自己相信自己!自信是自己接纳自己!自信是自己认可自己!自信是自己欣赏自己!很多时候我们习惯性地依赖外在的事物来建立自信,其实,真正的自信就在自己的心中。

现在我们就根据刚才的5个关键词来解析一下这个故事。
画面:看到几百名观众,心怦怦直跳。
节奏:害怕自己忘词。结果又看到了其他人忘词时尴尬的场景,心里更加紧张。

提问：请大家想一想，如果换成是你，你会怎么办？

悬念：（1）小宇能不能顺利地完成演讲？（2）老师给他的小卡片里面到底写了什么？

观点：其实，真正的自信就在自己的心中。

故事的3个核心点

让故事变得更加精彩、震撼的3个核心点——笑点、泪点和转折点。当你的故事中有了这三点中的一点，受欢迎的程度就会有很大的提升。观众不爱听平平淡淡的故事，观众爱听情节丰富的故事。你讲的故事，要么让观众开怀大笑，要么让观众深受感动，要么让观众意想不到。这里的转折点的意思，就是故事中的剧情发生了转变，有时让人意想不到。

笑点、泪点、转折点，你记住了吗？

口诀总结

本章的口诀总结是：

快乐的故事轻松讲，伤心的故事要悲伤，
振奋的故事有感召，拼搏的故事说目标。
故事要精选，良好价值观。
内容正能量，具有责任感。
声音有高低，表情随情境，
动作要到位，好像正发生。

讲述快乐的故事，要显得轻松活泼，不能皱着眉头、绷着脸去讲。讲到令人伤心难过的故事时，演讲者要有发自内心的伤悲之情。讲到令人振奋的故事要号召大家采取行动。说到拼搏的故事，要用实现的目标来证明。故事要精挑细选，讲的故事一定是有良好价值观的故事、具有正能量的故事、传递责任感的故事。用声音的高低变化来表现故事情节的跌宕起伏。不同的故事情境和画面也要有相应的面部表情和肢体动作，让观众有一种身在其中的感觉。

作业：讲一个关于自己的故事

讲一个发生在自己身上的关于自信的小故事，录制成一个几分钟的小视频。

第八章

脱颖而出，自信主持

主持是演讲学习中的一个难度高但非常重要的板块。各种晚会、活动、赛事、仪式，都会有主持人的出现。举个例子，当春节联欢晚会的序幕拉开，几位主持人盛装出场，他们字正腔圆的声音，落落大方的仪态，令人印象深刻。

> 新年的钟声已经敲响，我们大步向前，去实现新一年的愿望。

> 给大家拜年了！

> 春回大地，我们载歌载舞，在辽阔的田野里播种幸福。

晚会主持

在平时的生活中，用到主持技能的场合也很多，比如在学校里主持班会和各种活动，在家里主持家庭会议，参加夏令营、冬令营时的许多活动环节，以及工作后，组织单位的总结会、年会等。在我们的"一代天骄青少年素质成长营"课程中，每个小组都会选出组长、副组长、学习委员、体育委员、生活委员等职务，每次小组开会讨论时都会有一名主持人来主持会议，担任主持人的同学，不但锻炼了口才，也增强了自己的组织能力和领导力。上课前也会有主持人上台互动，请节目表演者和老师上场，在几百人面前锻炼自己的胆量和表达能力，从而让自己越来越自信。因此，成为主持人并不仅仅是上台报个幕、介绍个节目，它能增强一个人的综合能力。

琨哥说

我进入演讲领域后，参加了许多活动，也接触到了许多主持人。慢慢地我明白了，这些主持人在舞台上的精彩展示能力并不是与生俱来的，都是一点一点刻苦训练出来的。不仅主持人，还有语言大师、相声大师、小品大师、魔术大师、运动健将，几乎所有的英才都是训练出来的。举个简单的例子，你身边有一个朋友钢琴弹得不错，但是在学习钢琴之前，估计他连钢琴有多少个琴键都不知道。所以与其羡慕他人，还不如自己采取行动，通过训练让自己也成为一名高手。

主持人是一场活动序幕的开启者，是现场氛围的调动者，是活动承上启下的衔接者，是活动主题的传达者。主持人不仅自己要光彩夺目、妙语连珠，更要能很好地把控现场的气氛和节奏，让活动更加紧凑、连贯、

精彩、完整。

在参加活动时，主持人都需要做哪些准备和训练呢？

活动前的准备

活动前的准备包括 4 个小点：

1. 心态准备

首先是重视的心态。要知道一个主持人的表现关乎着一场活动能否顺利进行。开场首先亮相的是主持人，你的完美表现会让观众对这次活动充满了好感和期待。最后结尾的也是主持人，你的精彩发挥会让一场活动显得更加圆满和难忘。

其次是积极的心态。告诉自己，担任主持人除了能助力活动外，对自己的成长也会有很大帮助。要珍惜每一次锻炼的机会。因为不是每个人都有这样的机会。这是你用努力和优秀争取来的。锻炼的机会越多，你就会越来越出色。因此要具备一种积极的心态。为自己高兴，也对自己的表现充满期待。

2. 流程熟记

要充分熟悉活动中的流程和各个环节。我们会看到有些主持人在舞台上会拿着手卡，但是他们却很少去看，这是为什么呢？手卡上一般会写着比较重要的信息或是主持话术，主持人上场前基本上已经把主持稿都记住了，之所以拿着手卡只是为了有备无患。

记住流程和环节，就能让活动中每个环节之间的衔接更加流畅，也能让自己的主持更加自然和从容。

3. 意外预想

把在活动主持中一些容易出现的意外情况，提前做一下预想，再想出解决的办法。比如忘词了怎么办，应该上场的嘉宾没有及时出现怎么办，即将上场的节目临时出了状况怎么办，等等。活动中出现意外情况的时候，往往也是考验主持人的心理素质和应变能力的时候。除了经验和情商之外，那就是尽量在活动开始前就做好足够的预判和准备。

4. 形象准备

关于主持人的服装和妆容，一般活动主办单位也会有一定的要求和标准。如果是需要自己决定的，那服装要端庄、大气、合身，还要符合活动的性质，妆容也要与场合相应。比如主持联欢会，服装的颜色就可以鲜艳一些，这样显得比较喜庆，也能烘托欢乐的氛围，妆容精致一些就可以了。如果主持演讲比赛，就要选择比较正式的服装，妆容淡雅即可。

开场语

做好了前期的准备工作，主持人也随着活动的开始而闪亮登场。开场语板块是非常关键的。这个板块我总结了5点，下面我就模拟一场演讲比赛的主持词为大家讲解。

1. 问候

这是主持人走上舞台站定后的第一句话。用你良好的形象、真诚的情感、优美的声音和专业的肢体动作问候现场的观众。

比如：尊敬的校领导，尊敬的各位老师，亲爱的同学们，大家好！

2. 自我介绍

向现场的观众简单地介绍一下自己。

比如：我是来自六年级二班的边小宇，今天非常荣幸能成为本次演讲比赛的主持人，能和大家一起见证各位参赛选手的比拼和收获。

3. 互动

互动的目的是让现场的观众更有参与感，现场的氛围更好。

比如：来，先看看今天参赛的选手们。所在班级的同学们，向我挥挥手。哇！我看到你们了，好，请把手放下。相信你们班的选手今天能获得冠军的，用掌声和欢呼声告诉我。哇！大家太有热情了！你们就是他们最强大的动力！

4. 介绍嘉宾

向观众介绍参加活动的嘉宾。

比如：现在我隆重地向大家介绍一下本场演讲比赛的评委们，他们分别是王校长、学生管理处刘处长、教务处张老师，我们用热烈的掌声向他们表示欢迎。同时，也欢迎在场所有老师和同学们的到来。

5. 活动主题

向观众明确活动的主题，让大家对活动的意义更加了解。

比如：本次演讲比赛的主题是《无悔的青春》，虽说今天入围决赛的只有十位选手，但是我相信在场的所有同学对于珍贵的青春时光都有着自己的解读。我们聆听完这十位同学的演讲，一定会深受启发和鼓舞。

节目或环节的串词

主持人要明确和熟悉活动中的每一个环节，也要掌握每个节目的基本信息。串词既要链接前面的内容，又要引导后面的主题，能够承上启下。串词就如一条线，把整个活动连接成一个有机的整体。有时在介绍即将上场的嘉宾、选手或节目时，还需要留有悬念，以此来提升观众的期待感和好奇心。

我为大家简单地总结了一套串词的模板如下：感谢、铺垫和有请。

1. 感谢

对已经完成讲话或是节目表演的人进行感谢。

比如：大家再一次把热烈的掌声送给第一位选手。我觉得她为我们这次演讲比赛开了一个好头。

2. 铺垫

为即将上场讲话的人或即将上场表演的节目进行铺垫，以提升观众的期待感。

比如：好了，我们的评委们正在为选手打分。本场比赛最终的评分和名次将在比赛的最后一个环节统一公布。接下来，即将上场的选手也是非常地厉害，他在预赛时就表现不凡。刚才在候场区，他还对我说今天他在比赛中会讲一个令人震撼的故事。

3. 有请

请出即将上场讲话的人或即将上场表演的节目。

比如：现在有请今天的第二位选手登场，他是来自五年级一班的赵用雨同学，大家掌声欢迎！

结束语

活动快结束时，主持人的讲话要紧扣主题，做好活动的总结，让观众感到意犹未尽、回味无穷。

比如：在本场比赛落下帷幕的同时，我校其他活动的帷幕也即将开启，希望同学们做好准备，踊跃报名。为我们的班级争光，也为自己的青春留下一段段美好、难忘的回忆！我宣布，本届《无悔的青春》校园演讲比赛到此圆满结束，谢谢大家！再见！

总结：主持人需要做的准备和训练

一	二	三	四
活动前的准备	开场语	节目或环节的串词	结束语
1. 心态准备 2. 流程熟记 3. 意外预想 4. 形象准备	1. 问候 2. 自我介绍 3. 互动 4. 介绍嘉宾 5. 活动主题	1. 感谢 2. 铺垫 3. 有请	1. 圆满结束 2. 再见

你学会了吗？

口诀总结

本章的口诀总结是：

主持技巧认真练，各种活动来表现。
开场问候加互动，提升氛围是关键。
介绍主题和嘉宾，活动环节要连贯。
塑造节目留悬念，节目结束有称赞。
评价事物要客观，武断冲动莫出现。
结尾讲话要扣题，观众回味又留恋。

"主持技巧认真练，各种活动来表现"是说练好主持的技巧，学会主持的方法，你会为自己赢得更多走上舞台展示自己的机会。

"开场问候加互动，提升氛围是关键。介绍主题和嘉宾，活动环节要连贯。塑造节目留悬念，节目结束有称赞。"大体描述了一场活动的主持流程。开场时的问候、自我介绍和互动，互动的主要目的是提升现场的氛围和观众的热情。然后介绍活动的主题、宗旨或意义，介绍参加活动的嘉宾。在各环节之间的串词要连贯、紧凑。在塑造即将上场的节目时，要做好铺垫或是留下悬念，这样会让观众对节目更加期待。节目表演完毕，主持人要对演员和节目进行称赞和鼓励。

"评价事物要客观，武断冲动莫出现"是说主持人作为舞台上的焦点，作为整场活动的协调者，说话要客观理智，不要感情用事或意气用事。武断、冲动的举动不要出现在舞台上。如果因为观众或嘉宾说了你不爱听的话，你就和观众或嘉宾吵起来了，这就不合适了。主持人是应该懂得化解矛盾，而不是挑起事端的。

"结尾讲话要扣题，观众回味又留恋。"

活动快结束时，主持人的讲话要紧扣活动主题、做好总结，让观众明晰活动的意义和初衷，让观众的感受和精神收获更加丰富。

作业：主持稿朗读练习

朗读一遍范文，并录制成视频。

范文：

尊敬的校领导，尊敬的各位老师，亲爱的同学们，大家好！

我是来自六年级二班的边小宇，今天非常荣幸能成为本次演讲比赛的主持人，和大家一起见证各位参赛选手的比拼和收获。

先看看今天参赛的选手们。所在班级的同学们，向我挥挥手。哇！我看到你们了，好，请把手放下。来，相信你们班的选手今天能获得冠军的，用掌声和欢呼声告诉我。哇！大家太有热情了！你们就是他们最强大的动力！

现在我隆重地向大家介绍一下本场演讲比赛的评委们，他们分别是王校长、学生管理处刘处长、教务处张老师，让我们用热烈的掌声对他们表示欢迎。同时，也欢迎在场所有老师和同学们的到来。

本次演讲比赛的主题是《无悔的青春》，虽说今天入围决赛的只有十位选手，但是我相信在场的所有同学对于珍贵的青春时光都有着自己的解读。相信我们聆听完这十位同学的演讲，一定会深受启发和鼓舞。

青春是一首歌，唱出心潮澎湃的年华，易逝又难忘，所有曲中人都应该珍惜；

青春是一段舞，舞出绚烂多姿的岁月，懵懂又热烈，每一位舞者都值得拥有；

青春是一首诗，抒发着天马行空的思绪，单纯又浓厚，每一个诗句都是一段珍贵的记忆；

青春是一幅画，描绘着激动人心的蓝图，活泼又新颖，每一笔都是属于自己的点点滴滴。

现在，我们的十位选手已经通过抽签的方式确定了上场顺序。看到他们摩拳擦掌、跃跃欲试的状态，我已经感受到了他们火热的激情。我们在期待选手们精彩表现的同时，也要给他们送上真心的祝福，祝福他们超常发挥，取得好成绩。请把热烈的掌声送给他们。

接下来，我们欢迎第一位选手登场，她是来自四年级三班的常回，大家掌声有请！

…………

（第一位选手演讲）

大家再一次把热烈的掌声送给第一位选手。我觉得她为我们这次演讲比赛开了一个好头。她沉着、自信地向我们描述了她心目中的青春是那样美好，那样令人陶醉。她在演讲中有一句话让我很受触动，她说："我们要用20年后的眼光来看现在的青春，那样便会更加珍惜！"

好了，我们的评委们正在为选手打分。本场比赛最终的评分和名次将在比赛的最后一个环节统一公布。那接下来，即将上场的选手也是非常地厉害，他在预赛时就表现不凡。刚才在候场区，他还对我说今天他在比赛中会讲一个令人震撼的故事。现在就有请今天的第二位选手登场，他是来自五年级一班的赵用雨同学，大家掌声欢迎！

…………

（第二位选手演讲）

大家再次为第二位选手响起热烈的掌声。他讲得非常精彩，对不对？当他说到自己因为先天性疾病，开始有些自卑，但是后来，通过妈妈的鼓励，他从自卑转向自信，而且对自己的未来充满信心时，我激动得热泪盈眶，心里很受感动和鼓舞。我们也要不断努力来坚定信心，通过学习让自己的未来更加美好！接纳自己，爱自己，爱他人！那接下来即将上场的选手是来自五年级六班的郑来同学，让我们一起期待他的精彩展示吧！掌声有请！

…………

（第三位选手到第十位选手演讲。此期间，主持人进行串场，参照上面的相关内容感谢、感悟和邀请。）

尊敬的校领导，尊敬的各位老师，亲爱的同学们，到现在为止，我们今天参赛的十位选手都已经完成了这次参赛的演讲。俗话说"台上一分钟，台下十年功"，选手们从接到入围通知到今天，这一个月以来，他们几乎用了所有的业余时间来精心准备和认真练习，这才让我们欣赏到了一场精彩的比赛。我想，今天无论各位选手最终的成绩如何，当他们站上舞台的那一刻，荣誉和胜利就已经属于他们了。因为他们敢于证明自己、锻炼自己和挑战自己。如果大家同意我这个观点，就再次把掌声送给他们。

那么，这场活动的举办也离不开校领导、老师的支持、鼓励和帮助。我们也要用最热烈的掌声对他们的支持和鼓励表示衷心感谢！

…………

激动人心的时刻终于到了，此刻，我已经拿到了本次演讲比赛获得前三名的人员名单，我的心情真的是非常激动。我宣布，获得本次演讲比赛第三名的是六年级二班的伍程一同学，获得本次演讲比赛第二名的是四年级三班的常回同学，获得本次演讲比赛第一名的是五年级一班的赵用雨同学，祝贺你们！

现在有请获得前三名的同学来到舞台上，由校领导为他们颁发奖杯和获奖证书。大家用最热烈的掌声向他们表示祝贺吧！

同学们，在本场比赛落下帷幕的同时，我校其他活动的帷幕也即将开启，希望同学们做好准备，踊跃报名。为我们的班级争光，也为自己的青春留下一段段美好、难忘的回忆！

我宣布，本届《无悔的青春》校园演讲比赛到此圆满结束。谢谢大家！再见！

第三部分

好的表达：出色演讲的关键

◎ 能够抓住听众的特色开场

◎ 留下回味的精彩收尾

◎ 灵活而风趣的互动

◎ 巧妙回答各种问题

第九章

能够抓住听众的特色开场

开场就是演讲的开头部分，演讲中的特色开场就是要让演讲的开头非常精彩。可以直奔主题，可以与观众互动，可以讲一个故事，也可以进行才艺表演。特色就是指你的开场要让观众有触动，感觉新奇或是难忘。也许有人会问，与观众互动、讲一个故事和进行才艺表演，这与难忘型自我介绍差不多啊。这里要明确一下，自我介绍通常用时较短，可以单独使用，也可以是演讲中的一部分。

好的开始等于成功的一半，好的开场也能深深地吸引住观众，让大家对你和你的演讲内容产生极大的兴趣。一个节目也好，一个视频也好，观众喜不喜欢它其实只需要很短的时间就能做出决定，只需要看开头的部分就知道自己喜欢还是不喜欢。这就说明最初的印象很重要。同样，演讲时，开场时的表现也就显得非常关键了。

开场也会影响你的演讲状态。开场很好，你的演讲基本就会越讲越美妙；开场很糟，接下来的演讲就会大受影响。

这里讲3种非常实用的开场方式，用心地学习，一定会让你的演讲有一个精彩的开场。

常规开场

这种开场方式是平时比较常用的，既简单又实用。它可以简单总结成：问候＋简单的自我介绍＋互动。这里所说的"简单的自我介绍"就是只需要说自己来自哪里和自己的名字就可以了。开场环节完毕，说出演讲题目，就可以进行接下来的演讲了。

比如：

各位朋友、各位伙伴，大家上午好！（这是问候）

我是来自山东的王琨。（这是简单的自我介绍）

来，在座的各位，觉得自己的口才还不错的请举手，好，谢谢大家。请放下。那相信自己通过练习，口才会越来越好的请举手，哇！太棒了，请放下！（这是互动）

表演开场

用一段精彩、震撼的才艺表演作为自己演讲的开场。要把自己最拿手的绝活展示出来。表演完毕后做一个简单的自我介绍，再说出演讲题目，然后进行接下来的演讲。适合开场展示的个人才艺有很多，比如唱歌、跳舞、武术、魔术、乐器演奏或讲笑话等。注意一定要用自己最拿手的绝活来展示，而不要选那些自己不擅长的，否则容易出糗。

另外，表演的时间不宜过长。点到为止，让观众赞叹的同时，还要有一种意犹未尽的感觉。如果体力消耗比较大，表演时间过长，表演者很容易累得气喘吁吁，这样会影响接下来的演讲。表演所需要的音乐或道具要提前准备，并在上场前和现场的工作人员对接好。

故事开场

故事开场就是上场之后先讲故事,再说出自我介绍和演讲题目,然后再进行接下来的演讲。这种开场用得相对不多,但是"物以稀为贵",正是因为用得不多,一旦使用就会让观众觉得很新鲜。如果运用得好,效果就会非常震撼。

比如,小芳走上舞台,沉默了两秒钟后开口说道:

在一个大雪纷飞的夜里,一个中年男人手里拿着手电筒独自走在大山深处。

雪越下越大,北风呼啸,他只能眯着眼睛向前摸索着前行。又走了一段路,他突然听见远处有沙沙作响的声音。隐隐约约地发现在前方十几米的地方有一团黑乎乎的东西。他心里一惊,身上的汗毛都立了起来,赶紧用手电筒照着那个东西又仔细看了看,然后激动地大喊:"找到了,找到了,在这儿呢,在这儿呢!"

那可能有人要问,这到底是怎么回事呢?

事情是这样的。村里的赵大爷家养了一头牛。那天,牛圈围栏的横木断了一根,牛就跑了出来。等赵大爷发现牛栏坏了的时候,牛已经不知去向。赵大爷找了半天也没找到,这时,天色渐晚,又下起了雪。赵大爷急得都快哭了。这时他的邻居大壮来了,就是我刚才说到的那个中年人。

大壮看赵大爷着急的样子,拍着胸脯说:"您别着急,牛应该走不远,我这就帮您去找。"说完,就找来了一只手电筒,向着大山的方向就出发了。因为他知道那头牛偶尔会去一个山沟里。果然,大壮把牛找到了。他牵着牛一边走一边想:"等赵大爷看到牛,一定非常高兴。"

这个故事让我们看到了大壮乐于助人的精神。他的这种精神让我深受感动。大家好！我是来自初二（3）班的祝小芳，今天我要演讲的题目是《善良的心有温度》……

其实这个故事很简单，就是讲了大壮帮助赵大爷找牛的一件事。但是在小芳讲述中，对一些场景的塑造会让听众很好奇，不知道接下来会发生什么事情。像"大雪纷飞的夜里""独自走在大山深处""北风呼啸""突然听见远处有沙沙作响的声音""一团黑乎乎的东西""心里一惊，身上的汗毛都立了起来"等这些描述，都会让听众进入故事的情境中，有身临其境的感觉。

三种开场方式总结

第一种，常规开场。问候+简单的自我介绍+互动。
第二种，表演开场。表演一段吸引人的才艺。
第三种，故事开场。讲一个令人震撼、难忘的故事。

口诀总结

本章的口诀总结是：

高手演讲开场妙，观众热情兴致高。
常规开场有互动，现场氛围很重要。
表演开场印象深，让人称赞感觉好。
故事开场受欢迎，离奇震撼难猜到。
开场就像融化冰，温度一到就见效。
建立信赖用真心，观众点赞人气高。

演讲中开场很成功，观众的热情会被带动起来，会更加精力集中地听你的演讲。

在常规开场中加上与观众的互动，能让观众更有参与感。现场的氛围会变得更加活跃。

用表演开场时，震撼的展示会让观众赞叹和难忘，观众会对你更加欣赏和信赖。

用故事开场是观众比较喜欢的。但是所讲的故事不能平淡无奇，选材要新颖，情节要跌宕起伏，有让人震撼的画面感。

有很多人把演讲的开场叫作"破冰"，意思是把冷冰冰的现场氛围，通过演讲者的精彩开场变得热烈起来。冰块非常坚硬，要想让它融化，就要施加温度。一个好的开场就是在为现场的氛围施加温度。

与观众互动、建立信赖感的时候，要表现自己的真诚。比

> 如笑容应该是发自内心的，而不是为了表演而出现的皮笑肉不笑。如果你拥有真正的自信，观众会感受得到，也会给予你真诚的赞美与鼓励。

作业：故事开场练习

参照范文，以《我的家》为题目表演一段演讲中的故事开场。并拍摄一段 3~5 分钟的视频。

范文：

许多事情之所以难忘，是因为印象太深；许多场景之所以时常想起，是因为心中在意。我的爸爸，他在别人眼里也许很普通，但在我的眼里，他却是那样优秀，那样让我感到自豪。

记得那是一个早晨，一阵急促的敲门声把熟睡的我从梦中惊醒。"小宇，开门，小宇。"我一听是爸爸的声音，赶紧一边揉眼睛一边跑去打开了门。然而，出现在我面前的爸爸却不是平时的样子，只见他脸上、身上有许多泥水，连嘴角处都沾了泥，一边的裤腿儿也破了。

我看了之后非常吃惊，也非常疑惑。但是，我发现爸爸手里提着的一个塑料袋却非常干净。爸爸看着我，有些尴尬地笑了笑……说到这里，也许有人会好奇，究竟我的爸爸那次经历了什么事情？别着急，听我慢慢道来。

大家好！我是六年级（2）班的边小宇。我今天演讲的题目是《我的家》……

这段开场看似叙述平淡，却暗藏玄机。首先是爸爸身上的泥水，会让很多听众产生好奇，爸爸手里的塑料袋却是干净的，与他一身泥水成了一个鲜明的对比。

这个开篇的描写给听众留下了悬念，提升了大家对这个故事的期待值。

第十章

留下回味的精彩收尾

假如在一场演讲中，你充满自信地走上舞台，开场非常顺利，观点很清晰，故事很震撼，互动也比较到位，声音动听、表情丰富、动作潇洒，觉得自己发挥得特别棒。别忘了，还有一点也是非常重要的，就是演讲的收尾。

琨哥说

在运动会里跳水的比赛中，选手做好了准备，从跳板或跳台上跳下，在空中完成各种高难度的动作——转体、翻腾，然后解说员重点关注的，就是看他入水时的效果了。那些高手在入水时，溅起的水花会很小。也有些选手没有发挥好，入水时没掌握好姿势要领，"咕咚"一声，水花溅起得很高。

跳水运动员的起跳就像演讲的开场，观众集中注意力，充满期待。他们在空中做着各种高难度的动作，就像演讲中的讲述和互动。他们入水的那一刻，就像演讲的收尾。如果一位选手入水的动作干净、利落，堪称完美，观众席就会爆发出热烈的掌声和欢呼声。如果一个演讲者在演讲结尾时表现出色，观众也会激动地鼓掌欢呼。

所以，你现在知道演讲收尾的重要性了吧？我们就是要通过设计和练习，让演讲收尾更加精彩、震撼。

收尾是演讲的总结，能让观众对演讲的重点记忆加深；收尾是情感的促进，能让观众对你下一次的演讲充满期待。

演讲中常见的收尾方式有 4 种。

句号收尾

这种收尾方式是比较常见的。演讲者说完了自己的观点，讲完了自己的故事，在结尾的时候表达了自己演讲的核心情感，也表达了对观众的感谢，这就叫句号收尾。

例如，小宇在一次演讲收尾时这样说：

我回到家，看到爸爸妈妈在吃饭。哦，原来刚才在外面看到的那个在大雨中奔跑的人不是爸爸，那个人只是远远看上去和爸爸有些像。我走过去，在餐桌前坐了下来，向爸爸妈妈真心地说了声："对不起！"我此刻更加懂得父母的辛苦，也更加理解他们的良苦用心。

同学们，可能平时你也有和父母顶嘴的时候，也许你觉得自己的理由很充分，也许你感觉他们不能把你怎么样，但是，大家有没有想过，我们固执地，甚至肆无忌惮地和父母顶嘴，好像心里一时痛快了，但是对含辛茹苦的父母来讲，他们的心得有多痛啊！

因此，我觉得与父母交流时，有话好好说，应该多站在父母的角度想问题。希望我们的家庭都越来越温馨！祝我们快乐！祝父母幸福！

我今天的演讲就到这里，谢谢大家。

这才是一个收尾比较完整的演讲。

感叹号收尾

这种收尾是在句号收尾的基础上增加了更多情感上的内容。通过一些震撼的话语让现场的氛围更加热烈，让观众的热情高涨。让你的演讲达到一个高潮。

比如小亮在一次演讲的结尾处就运用了震撼收尾的方式。

到这里，我的演讲就要接近尾声了。

今天，我主要讲了少年时光的可贵。少年时光是充满梦幻的，少年时光是充满遐想的。人生只经历一次少年时期，这是多少成年人在梦中才能重新体验的时光，而我们此刻正是少年。许多人的伟大梦想都在少年时期心潮澎湃地树立，许多人的人生使命也是在少年时期热血沸腾地形成。

同学们，我们生活在幸福的国度，我们成长在美好的时代，我们的祖国在高速发展，我们的民族日益强大。智慧与文明是我们成长的滋养，团结与进步是我们发展的重要保障。无数的先烈为我们守住了生存的疆土，无数人的付出让我们拥有了今天的生活。

梁启超先生在《少年中国说》里写道："少年智则国智，少年富则国富，少年强则国强。"在未来，如果我是一名军人，我会用青春和斗志来捍卫祖国的边疆；在未来，如果我是一名教师，我会用知识和爱心培养出更多的栋梁之材；在未来，如果我是一名工人，我会用认真与标准为祖国的建设贡献力量；在未来，如果我是一位农民，我会用知识和创新，为人们的幸福生活努力耕耘。

同学们，我能看到大家眼神中的热情与坚定，能感受到大家心中的信心与力量。让我们心怀感恩，珍惜现在的生活；让我们充满希望，憧憬着未来的蓝图。让我们一起高喊："少年，多么美好的模样！少年，我们充满了力量！少年，我们敢于尝试与挑战！少年，心中铭刻着伟大的梦想！"

这么豪迈、震撼的结尾，瞬间能把听众的热情点燃。

> 少年智则国智，少年富则国富，少年强则国强！

感叹号收尾

省略号收尾

省略号收尾就是在结尾时通过演讲者深情的讲述，让听众产生联想和思考，让听众沉浸在演讲的情境之中。

比如，小丽在一次演讲中就运用了省略号收尾的方式。

奶奶把一篮鸡蛋硬塞给我，颤抖的手好像又有几分倔强。奶奶微笑地看着我，眼神中透露着关爱。我想再对奶奶说几句话，可是话到嘴边又没有说出来。奶奶大概看出了我的心思，摸着我的头轻声地说："奶奶过几天再来看你。"说完转身就走。从后面看去，奶奶的背好像驼得更加明显了，她的每一步都走得很慢，显得有些蹒跚，手里拄着的木拐杖好像也在微微颤抖。

奶奶的身影越来越远，拐杖触地的声音也越来越小。渐渐地，奶奶的身影变得模糊起来，不知道是因为她越走越远，还是我的泪水模糊了自己的视线，她的身影变得越来越模糊，越来越模糊……

（停顿三秒，手缓缓地指向远方。）

琨哥说

有很多时候，真正有力量的话语是不需要高声表达的。比如一位妈妈用很大的声音向她的儿子吼道："快走到舞台上，去演讲，去比赛。打起精神来！"她的孩子不一定能鼓足勇气。因为孩子是被动的，内心是缺少力量的。但是如果这位妈妈用温柔、信任的语气轻声地说："儿子，记住，今天的结果并不是最重要的，你只要走上舞台去感受一下那种挑战自己的感觉，也许会紧张，也许会害怕，但这些也是我们的人生体验啊。妈妈相信你！我们一起加油！"这么一说，这个孩子就会更加自信和勇敢，他不想让妈妈失望，他也想用行动来证明自己。此刻他是主动的，所以瞬间力量满满。

"奶奶的身影变得模糊起来，不知道是因为她越走越远，还是我的泪水模糊了自己的视线，她的身影变得越来越模糊，越来越模糊……"当我们听到这段演讲的时候，脑海中会产生很清晰的画面，很多人会触景生情，由这个场景想到自己的奶奶或是其他亲人。对亲人的思念让人不禁潸然泪下。这个结尾没有多么激昂的语调，没有多么激情的讲述，但是它却用生活化的场景触动着听众的内心。

问号收尾

什么是问号收尾呢？就是在演讲的结尾时为下一次的演讲留下悬念，做好铺垫，让听众的心里充满期待。但这里有两个前提：第一是这次的演讲要足够精彩和吸引人。第二是留的悬念要具有足够的吸引力，或者是对下次演讲的铺垫要做到位。比如，小娟在一次演讲中就运用了问号收尾的方式。

人的变化，有的快，有的慢，急不得也拖不得。就像我刚才讲的，我在跳绳方面取得了显著的进步，而且仅仅用了3个月的时间就达到了这样的效果。我有时都会想这是不是真的，但这的确是事实。

我在开场时的表演大家也都看到了。从你们热烈的掌声中我也感受到了大家对我的认可。我在每次跳绳之前都会做一件事情，这件事情也是我技能得以提升的一个非常非常重要的环节。如果有机会我会在下次的演讲中告诉大家。这是个秘密，一般情况下我都不告诉任何人。我说出来之后，大家一定会很惊讶，也可能会恍然大悟地说："哦，原来是这个事啊，我怎么没想到呢？哎呀！"

好了，我今天的演讲就到这里，我们下次见，谢谢大家！

在这个演讲的收尾中，小娟说自己在每次跳绳前会做一件事情，这就留下了一个悬念，很多人会想："她会做一件什么事情呢？"还有小娟后面的几句话："如果有机会我会在下次的演讲中告诉大家。这是个秘密，一般情况下我不告诉任何人。而且我说出来之后，大家一定会很惊讶，也可能会恍然大悟地说：'哦，原来是这个事啊，我怎么没想到呢？哎呀！'"这段话为她下一次的演讲做了很好的铺垫，她在争取机会，来增强听众的好奇心。

琨哥说

我称句号收尾为表现正常。
我称感叹号收尾为震撼全场。
我称省略号收尾为意味深长。
我称问号收尾为期待再讲。

口诀总结

我们这节课的口诀是：

编筐编篓，贵在收口。
精彩收尾，堪称一流。
常规收尾，注意步骤。
震撼收尾，加快节奏。
沉思收尾，语调要收。
问号收尾，悬念要留。

作业：问号收尾练习

参照范文，以《我的好习惯》为题目表演一段演讲中的问号收尾。先写出草稿，再读一遍，演练成熟，并录制成一段 3~5 分钟的视频。

范文：

…………

刚才，我为大家讲述了我坚持两年写日记的收获和感受，希望能给大家带来一些启发。坚持一个好习惯，的确不是很容易，但是，只要你坚持去做了，等到收获的时候，你就会感觉到那份喜悦和价值。这里所说的收获至少有两点：第一个是你坚持这个习惯本身给你带来的好处，第二个是坚持的力量能让你自信心倍增。

最后，向大家说一个小秘密吧，在我的这些日记中，有一篇曾经被我撕了下来，并且我把它藏到了一个别人找不到的地方。每当想到这件事，我都非常难过，大家想知道这是为什么吗？我会在下一次的演讲中，把这个藏在我心里的秘密讲给大家听。我今天的演讲就到这里，谢谢大家！

第十一章

灵活而风趣的互动

演讲的时候，要让观众认真地听我们的演讲。如果观众在交头接耳，东张西望，昏昏欲睡，心不在焉，那你讲得再有道理，观众也接收不到。所以，演讲高手还要有一项本领，就是现场与观众灵活地互动。

互动能有效地调动观众的参与感和主动性，提升现场观众的热情，并能有效缓解演讲者的紧张情绪。互动是身心的交流，有了互动，整个演讲现场会显得更加活泼与轻松。有许多演讲经验比较丰富的人在演讲的时候，会设法让观众有回应，有时还带动观众做一些动作。这样，现场的氛围会非常好。再比如有些歌星在演唱的时候，唱着唱着，突然就把手中的话筒对向观众："大家一起来！"多数时候，他们这样做的目的就是在与观众互动。

其实演讲中的互动很好理解，就是让观众有回应，从而吸引观众的注意力，让观众对你演讲的内容更感兴趣。

第三部分 好的表达：出色演讲的关键

互动能提升现场观众热情

琨哥说

在生活中也经常要互动，平时见面打声招呼，一个人说："早上好！"另一个人说："哎哟，早上好！"这就是互动，两人的感情也会随之加深。上课的时候，老师也会互动，他会在讲课中用提问、讨论等方式和同学们互动，让同学们的注意力更集中。

有些销售人员的互动能力更厉害。"大哥，我们这个商品，质量很棒！你帮我拉住这边，我们用力拉一下，使劲儿！使劲儿！你看，怎么样？够结实吧？来，您再穿上试试，哎呀，真合适，怎么样？穿着是不是特别舒服？简直就像为您量身定制的啊！"

大家想一想，他在介绍商品时，进行了大量的互动，这些互动让顾客有了切实的体验感，甚至好像已经拥有了这件商品。

本章讲3种比较常用和实用的互动方法。

穿插智慧提问

穿插智慧提问也就是在演讲时用提问的方式与观众互动。这里包含三小点：带着目的提问、带着准备提问和结合兴趣提问。

1. 带着目的提问

根据自己要演讲的主题或是自己想表达的观点，提出与主题和观点相关的问题，从而引发大家的思考与关注。

比如，你的演讲主题是关于梦想的，就可以这样问："现场的各位朋友，谁能说一下自己的梦想是什么？想回答的请举手示意我一下。"然后开放几个回答的名额。这样，参与回答的人就会感觉很兴奋。其他观众虽然没有回答，但也会在心中想一下："咦，我的梦想是什么？"于是现场听众便会对梦想这个话题开始关注，也就是说你提出这个问题的目的是让大家关注问题的主题。

如果你想表达"演讲能让人更自信"这个观点，可以这样提问："各位朋友，觉得自己一当众讲话就紧张的请举手。"这样一问，大家就会联想到自己当众讲话时的场景，不管他紧张不紧张，此时他内心关注的是当众讲话这件事，这样他对你接下来的演讲就会更加感兴趣。

2. 带着准备提问

一个智慧的演讲者在向观众提问时，对问题的答案是有所准备的。比如，小明在一次演讲中向观众提问："你认为在这个世界上除了人类以外，哪种动物最聪明？"这句话里重点加上了"你认为"三个字。如果这样问："在这个世界上除了人类以外，哪种动物最聪明？"这个问题就有些绝对了。如果演讲者最后说出了自己心中的答案，那很多观众就可能不信服。正所谓"公说公有理，婆说婆有理"。观众如果说："为啥你说的就是对的？证据是什么？"演讲者听后可能就会哑口无言，造成演讲事故。因为这件事，观众可能会对他接下来的演讲失去兴趣。

回到刚才的那个问题。观众中有的人回答是大猩猩，有的人回答是狒狒，有的人回答是猴子，有的人回答是狼，有的人回答是海豚，众说纷纭。

最后小明说：

刚才大家所说的这些动物确实都很聪明，它们也都有不平凡的表现。但是接下来，我说一种动物，它的表现可以说是很多动物望尘莫及的，只是我们可能对它还不是很了解。这个动物就是章鱼，也被称为八爪鱼。

据说章鱼有3颗心脏、9个大脑。它的血液是蓝色的，它的8条触手都能自主处理信息。它们能变形、伪装、喷射毒雾，还能让自己庞大的躯体从很小的一个孔钻过。章鱼全身像水一样柔软，只有嘴巴是一个坚硬的喙，因此在理论上，只要这个喙能通过的孔或缝隙，那章鱼的全身就能够通过。

章鱼非常聪明，还有模仿学习的能力。有一位动物学家做了一个实验：他在一只章鱼面前放了一个玻璃的罐头瓶，章鱼试图打开瓶盖儿，开始没有成功，然后实验人员当着章鱼的面拧开瓶盖儿，让章鱼看到这个过程，再把这个罐头瓶放到章鱼面前，这次这只章鱼用身体包住瓶盖儿，不一会瓶盖儿就被拧开了。

章鱼的每根触手上大约有250个吸盘，每个吸盘都是可以独立抓握的。章鱼还可以断肢再生，而且再生的触手基本上和以前的触手一样灵活。章鱼会变色，而且变色的速度非常快。它们还会拟态，就是装扮成其他的生物。它们会使用工具，在比较平坦的海底行走时，它会随身携带着大贝壳，遇到危险就会用贝壳当盾牌来保护自己。

有摄影师跟拍一只章鱼，它在捕食龙虾的时候，发现龙虾是倒退着游的，于是章鱼就张开身体和触手，变得像一张大网一样游到龙虾的后面，这样龙虾一退，正好被章鱼抓住。

摄影师还拍到过一只鲨鱼攻击一只章鱼，章鱼用触手上的吸盘吸住了许多坚硬的贝壳把自己包裹起来，让鲨鱼无从下口，鲨鱼咬了一会儿，累得气喘吁吁也没能得手，后来章鱼竟然吸附到鲨鱼的背上，来消耗鲨鱼的体力。

哇！大家说，章鱼是不是非常聪明呢？我们生活的世界真是多姿多彩啊，有许许多多问题和意想不到的事情，也有许多未知事物等待着我们去探索。

小明提前对自己的答案做了功课。这样的回答就很有说服力，也能提升观众对演讲者的信任度和喜爱程度。

3. 结合兴趣提问

同频才能共振。如果观众对演讲者的提问不感兴趣，那就会降低大家倾听的欲望，也会降低演讲的效果。如果观众对演讲者提出的问题非常感兴趣，就会提升大家倾听的积极性。比如，如果观众多是老年人，你就可以问："大家知道老年人最适合做哪些锻炼吗？"如果观众都是小朋友，那你就可以问："大家知道怎么做才能让自己更开心吗？"如果观众是家长，那你就可以问："大家想知道如何让自己的孩子更优秀吗？"这样的提问会让观众更感兴趣。

演讲中提出的互动问题，有的是需要观众回答的，通过他们的回答来引发更多观众进一步的思考；而有些问题是不需要观众回答的，演讲者可以在演讲中完成自问自答。自问自答也是抛出自己观点的一种方式。

> **穿插提问的关键词总结**
>
> 　　演讲中的提问要结合自己演讲的目的，有准备地提出听众感兴趣的话题。或者说对于观众感兴趣的一些话题，做好准备并且有目的地去提问。提问有三个关键词：目的、准备和兴趣。

穿插小游戏

　　在演讲中穿插小游戏，能让现场的氛围更好，观众更有参与感。而且有些游戏也会对你的主题和观点起到助力的作用。演讲中的游戏大体分为两种，一种是让现场更轻松的，一种是能够辅助演讲观点的。也有的游戏是这两个作用都具备的。这里大家要注意，演讲中选用的游戏应该是健康的、安全的，方便操作的，而且时间不宜过长。

> 互动游戏一

　　这是一个能让现场更轻松的报数游戏，名字叫作"反应神速"。演讲者先说游戏规则，比如现场观众有50人，那就让大家按照一个顺序依次报数，从1报到50，每人报一个数，而且停顿时间不能超过两秒钟。在报数过程中遇到带6的数字以及6的倍数的数字时，不能报出这个数，而要说"过"，然后下一个人继续报这个数的下一个数字。那在50个数字里都有哪些数字要喊"过"呢？有6、12、16、18、24、26、30、36、42、46、48。凡是在游戏中出现失误的伙伴就表演一个小节目，或是用其他让大家觉得开心的方式调节气氛。在游戏的过程中大家放松中带着一些小激动，时而还会哈哈一笑，你看，现场氛围是不是就变得更轻松了？

互动游戏二

　　这也是一个能助力演讲观点的报数游戏，但这个报数就是连续的依次报数，也就是如果是50个人，那就需要大家每人报一个数，从1报到50，依次报完。不抢报、不错报、不漏报。准备一个秒表计时，或是用手机里的秒表计时。游戏开始，在第一个人开始报数的瞬间，演讲者开始计时，在最后一个人报完最后一个数"50"后演讲者计时结束。然后向在场的观众公布所用的时间。尽可能让一些观众看到显示的数字，这样更能增加观众对这个时间的信任度。

　　此时演讲者可以用一番话先鼓励大家，激发起大家更多的信心和热情。比如说："不错！不错！刚才大家的表现挺好。但是，我相信大家能表现得更好，报数能更快，大家有没有信心？我们再来一遍。"然后进行第二轮游戏。

　　一般第二轮所用的时间会比第一轮要短。比如这轮只用了15秒，这时演讲者可以再次激励大家说："哇！大家的表现真的是太棒了！大大出乎我的意料。但是，刚才我觉得有一些伙伴在报数时有犹豫的现象，我相信，如果我们再努力一下，速度会变得更让人不可思议，大家想挑战一下吗？"然后开始第三轮报数，开始前，演讲者要表情严肃认真地说："大家准备好了吗？做三次深呼吸，接下来就让我们一起创造奇迹。开始！"如果不出意外，这一遍的速度会更快，可能只用了8秒钟。游戏到了这里就差不多了，如果报数的遍数太多，大家就会感到有些枯燥了。

总结的时候，演讲者举着秒表或手机，微笑着大声说："大家看到了吗？我们真的是创造了一个小小的奇迹。这个游戏说明了一些道理。

　　"首先，我们在做事情或学习时，只要认真面对，就会有让自己满意的结果。第三轮为什么比第一轮和第二轮用时要少，因为我们越来越用心地去完成这个任务了。

　　第二，说明无论个人还是一个团队，要发自内心相信自己的潜力，只要能把潜力激发出来，惊喜就会出现。

　　第三，这三遍报数之所以越来越快，还有一个原因就是我在激励大家，给予他们信心，也就是说我的语言影响了大家的行动。这就是语言的力量。因此练好演讲是提升领导力的一项重要因素。"

　　我们在组织游戏的时候可以灵活地变化，以达到更好的效果。如果现场的观众人数比较多，这样的报数游戏不太适合了，可以找一些适合多人玩的游戏。比如有一个游戏叫"班长说"。游戏规则是，演讲者在游戏中说出各种口令，如：向左转、向右转、向前一步走、后退一步走、向左跨一步、向右跨一步、举起左手、举起右手、击掌一下、击掌两下

第三部分　好的表达：出色演讲的关键

班长说，向左看……

班长说

等，观众按照口令做动作。但是如果直接下口令，大家就不动。而是要听到口令前面加上"班长说"这三个字时，大家才能做动作。游戏中会有失误的伙伴，就让他们坐在座位上，等于被淘汰了。掌握好游戏时间，一般进行几分钟就可以了。

也可以采用一些不用所有人都参与的游戏。比如从观众中找一位来到舞台上，然后让这个人握拳。你对观众说："我能在不碰他身体的情况下，在两分钟之内让他把拳头打开，大家相信吗？"这时现场的大部分观众会表示怀疑。此时你可以做出一些动作，比如假装在用意念打开那个拳头。大约10秒钟过后，你装作很惭愧地说："唉，我刚才是真的尽力了，我办不到，这样吧，换个简单一些的，我能让他把伸平的手掌握成拳头。大家相信吗？"这时，大家可能也不信，那个人可能也不信，于是就在你的示意下伸开了手掌，打开了拳头。也就是说你已经做到了，在两分钟之内，不碰他的身体就让他打开了拳头。这时，现场的观众会恍然大悟，随之哈哈一笑或者响起掌声。最后你做一下总结："有时候我们做事情遇到困难的时候，不妨换一种思维，也许困难就会解决。"

观众角色扮演

为了让观众对演讲观点有更加深刻的感受，可以适当地采用角色扮演的方法。比如演讲者正在为一些家长讲家庭教育，当讲到了"父母对孩子过度指责的危害"时，可以找3位自愿上台互动的家长，让他们分别扮演爸爸、妈妈和孩子。扮演孩子的家长坐在凳子上，低着头不说话，扮演爸爸妈妈的家长一边用手指着孩子一边说些指责的话语，现场的很多家长就会通过这个场景联想起自己平时指责孩子的画面。

我遇到过有不少家长因为看到这个场景，内心产生悔悟和对孩子的愧疚，以至于现场落泪，有的家长甚至失声痛哭，这些就是角色扮演起了作用。这里再强调一下，参与角色扮演的观众一定是自愿参演的。

口诀总结

本章的口诀总结是：

互动带动心动，参与提升热情。
穿插智慧提问，交流加深共情。
简单趣味游戏，轻松快乐瞬间。
观众角色扮演，理解收获明显。

作业：互动小游戏

本章的作业是和家人一起做一个互动小游戏。
示例游戏：

《你演他猜》

游戏角色：主持人，表演者，猜词者

游戏流程：

（1）主持人提前写出20个词语，如动物类（老虎、大象、大猩猩、猴子、企鹅、牛、猫……）或是成语类（七上八下、千钧一发、掩耳盗铃、翻山越岭、朝气蓬勃、气急败坏……）。

（2）主持人把这20个词语展示给表演者看（猜词者不能看），表演者思考时间不能超过10秒钟。

（3）表演者开始表演时，主持人开始2分钟倒计时。表演者在表演过程中不能说话，只能用肢体动作和面部表情按字面顺序来向猜词者传达，猜词者根据表演者的表演来猜这些词语。

（4）猜词者如果觉得某个词语很难猜出，可以选择跳过，表演者再开始下一个词语的表演。

（5）主持人统计每组表演者和猜词者在2分钟内猜出的词语的数量。

（6）家人互换角色，每人都至少担任一次主持人、表演者和猜词者。同时，也可以比一比在2分钟的时间内，哪一组（表演者和猜词者）成功猜出的词语数量最多。每次互换角色后，主持人要重新写出20个词语。

希望这个游戏能为你和你的家人带去快乐，也能提升你们的演讲能力。

第十二章

巧妙回答各种问题

演讲中，有时会遇到观众向演讲者提问的情况。回答得出色，可以瞬间提升观众对演讲者的好感，还能凸显演讲者的智慧、才华和反应速度；回答得不好，不但降低了观众对演讲者的好感和信任，演讲者也动摇演讲信心。对提问的巧妙回答考验的是演讲者的智商、经验和知识储备，更考验演讲者的情商。情商高的表现之一就是无论说话还是做事，都让对方觉得舒服。

对于演讲中的巧妙回答，有4个要点。

精心准备

在演讲之前，要针对怎样回答观众容易提出的问题做好预习。根据什么预习呢？根据演讲的主题和观众的需求。

比如，有一次我演讲的主题是关于家庭教育的，听众基本上都是家长。家庭教育包括孩子的成长、亲子关系、父母的学习、夫妻关系等。

那么我预测多数家长最关心的是孩子的成长。他们的需求通常是想解决孩子成长中遇到的一些问题。例如如何让孩子爱上学习、如何帮孩子养成良好的生活习惯、如何更加懂得感恩、如何树立梦想，孩子内向、腼腆、不爱讲话怎么办，等等。因此我在演讲之前主要围绕家长们比较关心的问题去思考，准备相对比较实用的回答，以便给到家长帮助。

演讲中有一位家长提问，她说："老师，请问我的孩子胆子比较小怎么办？怎样做才能让他胆子大一些？"因为事先做了功课，我是这样回答的："感谢这位家长对我的信任，我现在就给您一些参考。"教育是因人而异的，在我没有特别了解这个孩子之前，不能妄加定论，所以只能说参考。我问这位家长："您说他胆子小，具体表现在哪些方面呢？"这位家长说："就是平时不敢主动和不太熟悉的小朋友讲话、交朋友。说话声音也小，显得不自信。越让他大点声儿，他声音就越小。唉！"

这时，我根据家长的提问再结合自己的事先准备，就作了这样的回答："针对您这个问题，我就说五点吧。"把回答分成五点，会显得逻辑清晰。

精心准备，逻辑清晰

"第一点是不要随便给孩子贴标签,不要当着孩子的面说'你怎么这么胆小啊,你怕什么啊?你倒是大点儿声啊,真给我丢人'这样的话。因为这些话是一种负面的暗示,会让孩子觉得:'原来我胆子很小啊!原来我这叫内向啊!原来我给爸妈丢人了啊!'时间一长,他可能就会越来越自责,越来越不自信,这些不好的情绪也可能让他越来越自卑,越来越胆小。

　　"第二点就是要勤观察。只要发现他主动和不太熟悉的小朋友讲话,或是他讲话声音很洪亮的时候,就要对孩子进行鼓励,但这种鼓励最好在私底下进行,否则可能会让孩子感到尴尬。可以找一个大家都很放松的时机,比如吃过饭,一家人闲聊的时候,好像不经意提起:'儿子,今天上午,我发现你和小区里张阿姨家的孩子聊得好开心啊!而且,是不是你先主动说话的呀?哎呀,没看出来啊,儿子还是聊天高手啊!'不经意地一说,孩子会觉得很高兴、很自豪。

　　"第三点就是家长给孩子做好榜样。你平时在和朋友、同事聊天时,要主动一些、大声一些、自信一些。让孩子看在眼里,潜移默化地影响孩子,这样他就会跟着学习,从而渐渐地改变自己了。

　　"第四点就是多给孩子一些锻炼的机会。比如,你和孩子在逛商场时,想找工作人员问路,这时,你就可以对孩子说:'孩子,咱们要去买帽子,可是妈妈找不到卖帽子的地方,正好,前面有个商场的工作人员,要不你去问问路?妈妈嗓子有点不舒服。'找一些这样的机会让孩子去锻炼,从而增加他的价值感,提升他的自信心。

　　"第五点就是多让孩子发表自己的意见,多让孩子做选择。比如,想给孩子买一双鞋,不是妈妈看着挺好就买了,而是要问问孩子的喜好。除了孩子自己的事情外,家里面能让孩子参与的事情也尽量让孩子参与一下,比如家里想买个沙发、想换个窗帘、想买一个餐桌等,当孩子发表看法时，家人就全神贯注地听着。不管最后孩子的想法是否被采纳，对孩子来讲，他都会有一种参与感。而且，如果你家里面的很多物品都是因为孩子的建议才购置的，那对孩子来说，他和这个家的联系又增强了许多，也提升了他的存在感。有的家长，不但不让孩子参与家庭事务，甚至对于孩子的事儿都'大包大揽'，不让孩子做决策。你想想，如果连买一双鞋、一双袜子的决策，孩子都做不了，他哪还有勇气去和别人大声说话呢？他的自信又从何而来呢？

"希望我刚才讲的这五点能给您提供一些参考，谢谢！"

我刚把这五点讲完，现场就响起了赞同的掌声，这就是精心准备产生的效果。

智慧回答

当观众问了你没有提前准备的问题时，你要根据情况来采取不同的回答方式。比如有观众向你提出了一个问题，你有能力回答，就快速地组织一下语言，回答时为了显示逻辑清晰，最好把答案中的内容列出清晰的架构，比如把回答内容归纳为两点或五点等。

如果你对这个问题的答案不是很确定，那就挑你确定的讲。比如小安在演讲中，有位观众问："请问，在读课外书的时候，是做读书笔记好，还是不做读书笔记好？"这个问题也确实很难找到标准答案，挺难回答的，但不回答又觉得有些不妥。因此小安认真听完之后说："您这个问题问得很好，因为现场有很多朋友也可能会有这个疑问。但是，实话实说，这个问题挺难回答啊！我们想一想，读课外书的时候做读书笔记，肯定对自己的记忆或是以后的温习和回顾有好处，不做读书笔记呢，又能避免读书的过程中断，从而达到畅读的感觉。但是今天我要说的是，我自己在读课外书的时候是经常做读书笔记的。我会把书中的一些我觉得非常经典的句子写下来，或是把自己对书中一些内容的感悟写下来。我觉得这样做能加深我对书中内容的理解和印象。另外，有些书，我至少是要读两遍的，第一遍是畅读，第二遍时再做读书笔记。因为在读第二遍时，我对书中的内容已经更加了解了，感悟也就更深了一些。以上就是我结合自己的一些经验对这个问题的回答，仅供参考，不知道您满意吗？"

这样既回答了问题，又没有无根据地妄下定论。说简单一点儿就是挑自己确定的说。因为这么大的世界，这么多的知识，你不可能什么都懂。如果遇到实在答不上来的问题，那就诚恳地说："对不起，这个我不知道。您能换一个问题吗？"

琨哥说

大家记住：说"不知道"不丢人，乱说一通才丢人！

婉转避开

在演讲中如果遇到有人问一些和演讲主题无关、恶意挑衅或不便回答的问题时，要懂得婉转避开。比如你的演讲主题是运动健身，而提问者问的是地球到火星的距离，这就不符合主题了，对吧？此时你就可以说："对不起，这个问题和这个演讲主题不相关，为了不耽误大家的时间，我们可以再找个时间，私下探讨。"

如果有人问："你不觉得你讲得很烂吗？"当然，出现这种提问的概率是极低的。如果真的遇到了，也别慌，你可以镇定地回答："谢谢您的提醒。我知道您应该是一位非常懂演讲的人，真心地希望得到您的指点。如果可以的话，您可以私下为我指导一下。我接下来，会更加用心和努力地演讲。谢谢！"这样的回答就婉转地避开了他的问题，也有效地缓解了现场的尴尬气氛。

那么遇到那些难听的甚至是有些过分的问题，为什么不能直接拒绝或用难听的话回击呢？因为演讲现场是公众场合，你的一言一行都体现着你的素质和涵养。观众不高兴了可以选择离开，而你是站在舞台上的演讲者，你能因为不满意个别观众不友好的提问就拂袖而去吗？不能。因为你还要考虑到现场的其他观众。

所以，你要懂得，既然选择站在舞台上，就要敢于面对各种压力。当然，你可以包容，智慧地应对，但不要显得软弱可欺、唯唯诺诺。你自信的眼神、神采奕奕的站姿、洪亮有力的声音和你心中满满的正能量，会让那些故意提出过分问题的人闭嘴。随着你的阅历、经验越来越丰富，你的演讲也就会越来越顺利。

预留时间

这里的预留时间大体指两种情况。一是你对观众提出的问题能给出一个相对完美的答案，但是你此时还没有组织好语言，需要一些时间去准备。二是你在回答问题时，突然忘记了答案中的一部分内容，需要一些时间来回想和补救。

首先第一种情况是，如果你还没有准备好要回答的内容，你可以这样说："这个问题特别好，我想我的答案对您能有一定的参考价值。而且我相信这个问题也是现场很多观众所关心的，所以，我想在今天演讲快结束的时候，把您提出的这个问题着重地讲一讲。"说完之后，你就先讲其他内容，一边讲一边在心中慢慢地准备这个问题的答案，然后在演讲结束之前把它讲出来。

第二种情况是在回答时突然忘了一部分，比如你已经向大家说了某个问题的答案有三点内容，而当你说完前面两点，却突然忘记了第三点，而且确定自己短时间内想不起来了，就可以采用预留时间这个方法。你可以这样说："讲完前面两点之后，我突然觉得接下来的第三点简直是太重要了。这样吧，我决定把这个第三点留到这次演讲的收尾部分，这样的话，大家的印象会更加深刻。"说完，接着讲其他内容，同时在心中回想这个第三点的内容。这个方法，我在之前的演讲中使用过，效果非常不错。

综上所述，在演讲中回答提问时要做到有理有据，礼貌谦逊，应变灵活，逻辑清晰。

口诀总结

本章的口诀是：

巧妙回答很重要，灵活应变要记牢。

认真细心听问题，随后赞美要给到。

快速思考想答案，不急不躁心态好。

虚心诚意给参考，回答精炼又简要。

本章的口诀包含了智慧回答时要注意的几个关键词：倾听、赞美、思考、心态、参考和精炼。

观众向你提问时，先倾听，然后给到适当的赞美，接下来就是思考如何回答，回答时保持良好的心态和诚恳、谦逊的态度，给出仅供参考的提示，话语做到精炼、简要。

作业：提问和回答

先说一件事情或讲一个故事，再由家人根据你的讲述进行提问，请你用正面回答和婉转避开这两种方式来回答。家人之间互换提问和回答的角色，家庭中每个人都至少进行一次提问和回答。

例句：

（1）孩子说："妈妈，今天我遇到了一件事情，我觉得非常开心。"

妈妈问："什么事情让你这样开心啊？"

孩子正面回答说："今天中午，我和一位平时不怎么交流的同学聊了很久，开心极了！"

孩子婉转避开回答说："我觉得除了事情本身能让自己开心外，更重要的是我要经常保持良好的心态。心态越好,我就能发现更多开心的事情。妈妈,您觉得我说得对吗?"

> 什么事情让你这样开心啊?

(2)爸爸说:"哎呀,快!快!快!你上学要迟到了,咱们抓紧时间出门。"孩子问:"爸爸,您怎么这么晚才叫我起床啊?"

爸爸正面回答说:"哎呀,今天早上,我没听见闹钟响,睡过头了。"

爸爸婉转避开回答说:"孩子啊,我们在人生中会遇到很多紧急情况,那我们应该怎么办呢?应该尽量冷静、清醒,然后想办法去解决。孩子,快背上书包,咱们出发了。"

回顾和复习

这里我们把之前所学过的内容做一下回顾和复习,同时也来检验一下我们学习的效果。

你可以想象自己马上就要走上舞台进行一场演讲。现场已经坐满了人，这些人都是专程来听你演讲的。经过了这么长时间的练习，虽说准备比较充分，但你心里不免还是有些紧张。这是正常的。现在我们要做的是深呼吸，让身心尽量放松，可以轻轻地闭上眼睛，把意念放在自己的呼吸上，感受着自己的一呼一吸，想象自己渐渐地充满能量，想象自己上场演讲时的流畅和洒脱，想象观众赞许的目光和热烈的掌声。

然后做一组5次扩口练习，让我们的嘴巴也打起精神；接下来再来一组5次舌尖绕行练习，再放松一下嘴巴。上场前准备得差不多后，要让自己慢慢地变得兴奋起来。

紧张和兴奋不会同时存在，大声地说："兴奋、兴奋，我很兴奋。"好，这时已经听到主持人请自己上场了，现场的观众掌声雷动。此时，再检查一下自己的着装，稳住心神，面带微笑，抬头挺胸，充满自信地走上舞台。走到舞台的中间位置，面向大家站好。还记得站姿的标准吗？头要正，胸要挺，腿要直，身要顶。眼神中透着自信与豪迈。一只手拿话筒，一只手打手势，先来一个自我介绍，表情要丰富。

首先问候一下现场的各位朋友、各位伙伴，大家好！我是来自××的××。我的爱好是读书，我的特长是演讲。我的人生格言是"成功的演讲是智慧的人说着智慧的话"。祝愿大家从见到我的这一刻起，幸福永相伴，快乐永相随！谢谢大家！我今天演讲的题目是《身边的幸福》。

是不是已经有了一种演讲家的感觉了？这就是学习和训练的结果。接下来你会变得更厉害。相信自己一定能把演讲练习好的同学们，可以大声地喊出一句话："我就是一名自信的演讲家！"

第四部分

演讲准备：平时默默努力，关键时毫不费力

◎ 活用辅助工具

◎ 重要素材积累

◎ 精彩讲稿设计

◎ 即兴演讲

◎ 出色控场

第十三章

活用辅助工具

演讲中的辅助工具包括：返听音箱、话筒、幻灯片和演讲道具等。辅助工具的作用是让演讲者的表达更加生动、具体，让观众对演讲者的演讲内容更加清晰、明了。辅助工具就像一双翅膀，能让你的演讲有进一步的飞跃；辅助工具就像彩色颜料，能为你的讲述增添色彩。辅助工具能有效地吸引观众的注意力，让你的演讲效果倍增。辅助工具能更直观地诠释你的意图，简单的展示会省去许多拖沓冗长的解释。

返听音箱

一般在大型舞台上，你的正前方会摆着一些音箱，而且它们的方向是朝向你的，这些音箱的声音主要是给舞台上演讲或表演的人听的，叫作"返听音箱"。

朝向观众的音箱是主放音箱，如果舞台上没有返听音箱，演讲者听到的声音就是从主放音箱发出，再由墙体或是其他物体反射回来的。这样传回来的声音是有一定时间延迟的，因为听到的声音和你说话的声音不同步了，就会影响你讲话的感觉。返听音箱能让舞台上的演讲者第一时间听到自己从话筒传出的声音，从而及时调整自己的语调和语速。虽然这种设备一般只在大舞台上才会用到，但既然你选择了学习演讲，那就从内心相信自己一定会站上大舞台。无论做什么事情，目光一定要长远。

话筒

话筒又称传声器，别称麦克风，这是在演讲中常用的设备。在上台前，为了测试话筒是否工作正常，可以用手指轻轻地在话筒端部敲两下，如果工作正常，从音箱中能听到相应的响声。

演讲高手会有很好的话筒掌控能力。由于话筒的种类、型号的不同，它的开关方式也会有所不同，如果你不知道自己用的话筒如何开启和关闭，可以请教现场专业的音响设备人员，或由他们操作。双手持话筒通

单手持话筒的标准姿势　　　　话筒向着自己身体方向倾斜呈45度

常会让观众觉得演讲者有些拘谨或紧张，所以，我们尽量采用单手持话筒的方式。这样，另一只手可以做动作，使演讲显得更加生动有力。

手持话筒时，一般握住话筒中间稍稍偏下的位置。

话筒端部朝上，让话筒向着自己身体的方向倾斜成45度左右，话筒端部距离下嘴唇大约两到三根手指的宽度。

话筒距离嘴唇太远

话筒距离嘴唇太近

话筒太低

话筒太高

离嘴唇太远，声音会很小；离嘴唇太近，容易把口腔里的杂音传进话筒。另外，话筒端部的细菌很多，离得太近也不卫生。话筒不要过低，太低了声音会变小；也不要太高，太高容易挡住自己的脸，显得很不美观。

话筒端部距离下嘴唇大约两到三根手指的宽度

还有一点要注意，话筒不要离音箱过近，过近容易产生刺耳的啸叫，容易损坏音响设备，刺耳的噪音也会影响到现场的观众。

幻灯片

这个内容相对比较多，这里只做简单的介绍。幻灯片可以展示文字内容、图片和视频等，在演讲时能很好地配合演讲者更生动地表达。比如可以把演讲内容的大纲或是重点文字做成幻灯片，这样方便观众记忆和记录，也可以把一些照片做成幻灯片，更详细地描述一些事情。例如当你讲到自己旅行经历的时候，大屏幕上可以配合出现你旅行时的照片。就像那句话："有证明就无须说明。"你说那个景点有多好、多漂亮，观众只能凭空想象，但照片一出来，那就是身临其境的感觉了。

幻灯片可以由工作人员负责，也可以自己使用翻页笔来控制。

当然在演讲时，如果没有准备幻灯片，但还想播放一些照片或是视频，就可以提前对接舞台设备人员，让工作人员帮助自己在演讲中适时地穿插播放。

演讲中的道具

在演讲中，为了把一些理念表述得更加清晰，让观众有更直观的印象，可以准备一些相应的道具来配合自己的演讲。要注意，道具不要过于复杂。比如可以使用一些简单的模型、生活物品等。道具可以提前放置在一个合适的位置，等需要展示的时候再拿出来，这也会让观众有一种新鲜感。比如在演讲中讲到了一座桥，那就可以提前准备一个桥的模型，或是动手制作一个桥的模型。模型大小的标准，第一要以拿着方便为目标，第二是观众要能看得见。如果演讲中需要画图或写字，也可以用白板作为道具。在使用道具展示演讲时，眼睛不要一直盯着道具，目光主要集中到观众席，偶尔看几下道具就可以了。为了让大家更加明确，下面举个例子。

小芳用一个道具做辅助进行了一段演讲。

> 大家请看，我手中有一个用纸做成的飞机模型。

道具辅助演讲

（准备一个纸飞机模型）

大家好！我是初二（3）班的祝小芳，今天我和大家聊聊我对飞机的一些认识。大家请看，我手中有一个用纸做成的飞机模型，虽说它看起来很简单，但是当我把它做成的时候，我心里非常激动。

记得小时候，每当看到天空中有飞机飞过，听见那清晰的轰鸣声，我就异常兴奋，会站在那里一直注视它，被它的神奇和美丽所震撼，有时还能看到飞机后面拖着一条笔直的白色烟线。后来，爸爸告诉我那些是客机，他说还有一种飞机，速度更快，也更加灵巧，那就是战斗机。爸爸还给我找了一些关于战斗机的图片和视频，我发现很多战斗机的机头部位都是尖尖的，就像我手里的模型一样。大家看，它的头部是尖尖的，爸爸说，这样的设计是为了减少飞行阻力，提升飞行速度。

大家看到模型的这个位置了吗？这就是驾驶舱的位置。我心中有一个梦想，就是能成为一名飞行员，驾驶战斗机飞上蓝天，和我的飞行编队一起，护卫着祖国的大好河山。我现在除了好好学习文化知识外，还要养成锻炼身体的习惯，也要保护好视力，为了我的梦想，我会全力以赴！

我今天的演讲就到这里，谢谢大家！

小芳在这段演讲中使用了飞机模型，这让观众眼前一亮，使表达也更直观和清晰。比如讲到战斗机的头部、驾驶舱的位置时，观众一看模型就明白了。

琨哥说

总结一下本章讲的4个演讲工具。

第一个：返听音箱。可以用它来更好地调整自己的语调和语速。

第二个：话筒。演讲中会经常用到的。

第三个：幻灯片。它会让你的演讲更加具体和精彩。

第四个：演讲中的道具。它能让你的讲述更加清晰和生动。

口诀总结

本章的口诀是:

舞台从小到大,装备逐渐增加。
话筒扩充音量,动作也要潇洒。
课件展示要点,视频图片穿插。
道具运用得体,意图清晰表达。

很多人也许还没有接触过大型的演讲现场。但是,就像我刚才讲的,一定要具备长远的目光,通过不断的学习为将来走上更大的舞台做好准备。

有多少人学习演讲很长时间了,还不知道什么是"返听音箱",不知道如何使用话筒,不懂得制作幻灯片,不会用翻页笔,不懂得使用演讲道具,这是很遗憾的事情。

大家记住,时代在不断地进步,我们也要与时俱进。有很多知识都在等着我们去用心地学习。通过本章的学习,希望你能明白,演讲并不仅仅是学会张嘴讲话这么简单,而是一个系统的、全面的学习过程。

作业：用道具讲故事

用身边的一件物品作为演讲道具讲一个小故事，并录制成一个几分钟的视频。

第十四章

重要素材积累

演讲高手的特点是文思泉涌,讲述精彩,知书达理,博古通今,让人佩服,让人崇拜。也就是通过你的展示,给观众一个佩服你的理由。

跃跃欲试是想讲,站上舞台是敢讲,能做到妙语连珠、引经据典,话语中充满了知识和智慧才是能讲。怎样才能做到能讲呢?除了演讲技巧的练习,还要有大量的演讲经验和素材积累。本章就来学习这一课——素材积累。

一个演讲者在舞台上行云流水、口若悬河地演讲,不是与生俱来的,而是一点一滴积累的结果。有的人在演讲中能背诵很多的经典段落或文章,有的人在演讲时金句连连,有的人能讲出许许多多精彩的故事,他们是怎么做到的?这些都是素材积累的结果。如何积累?总结为两个词:用心和用功。就像高楼大厦要一层一层地建造、财富要一分一分地积累一样,只要你足够用心和用功,你的知识就会像海洋一样深广,你的思维也会像天空一样广阔。这些知识和思维就是我们未来演讲时能用到的素材。

素材的积累,有四个重要渠道。

> 身边人，身边事

面对平时我们接触到的人，比如家人、朋友、老师、同学，以及许许多多的陌生人，可以倾听他们的讲话，与他们交流，从他们身上了解自己所不知道的知识和思维，学习他们的优点。我无论是在讲课的时候，还是在与家人、朋友闲聊的时候，都非常喜欢讲故事，也善于讲故事，其中有很多故事就是我从别人的口中听来的。我会把这些故事记在心里，进行加工和完善，再讲给其他人听。很多年以前我听过一个小故事，或者说是一个笑话吧，它给我留下的印象特别深。这个小故事能说明一个人一定要学会智慧地说话。

有一个人要请四位朋友吃饭，吃饭的时间快到了，只来了三位朋友，还有一位没到，大家联系不上这个人，就只能等着。等了好长一段时间，请客的人就非常着急，一着急说了一句话："唉！该来的不来。"已经来的三个人当中有一位一听就火了，站起来就说："什么叫该来的不来？难道我不该来是吗？"说完拂袖而去。

请客的这位赶紧去挽留，结果没拦住，回来之后垂头丧气地说："唉！这回可好，不该走的却走了！"剩下的那两位其中的一位一听这话，非常生气，站起来说："什么叫不该走的走了？你的意思是他不该走，而是我应该走？"说完愤愤离去。

请客的这位赶紧解释说："唉呀，别误会，我不是在说你。"剩下的那位朋友一听愤怒地说道："你不是在说他，难道是在说我吗？"说完也离开了。最后只剩下请客的这个人后悔得直跺脚。

这个小故事是不是能让我们懂得智慧说话的重要性呢？

书中人，书中事

读书是一种乐趣，读书是一种成长。书中许多知识、观点和故事都会助力我们的人生，当然，也会助力我们的演讲。演讲主要是表达，借用书中的一些知识、观点和故事会让演讲内容更加丰富、精彩。书籍是我们的好朋友。

书籍是我们的好朋友

曾经我在一本书里看过一个故事，大概的意思是这样的：

有一只蚂蚁正在树下悠闲地乘凉，这时从远处爬过来一只蜈蚣，准备从它面前经过。蚂蚁一看到这只蜈蚣，立刻来了精神。它上前拦住了蜈蚣说道："嗨，蜈蚣大哥，我问你一件事呗？"

蜈蚣停下来，微笑着说："哦，什么事啊？你说吧。"

蚂蚁围着蜈蚣转了一圈，好奇地问："你看哈，我有六条腿，我现在都搞不清楚自己走路的时候，应该先迈哪条腿，再迈哪条腿，然后迈哪条腿，最后迈哪条腿。唉呀，我想不明白呀！我好痛苦啊！但是，我突然看到了你，你竟然有这么多条腿，差不多得有一百条吧？我现在想问的是，你走路的时候是先迈哪条腿，再迈哪条腿，然后迈哪条腿，最后迈哪条腿呢？"

蜈蚣一听，心中一惊，因为它长这么大也没有想过这个问题，于是它就开始想自己的这些腿，想啊想啊，最终它也没想明白。后来它一琢磨："唉，算了，既然想不出来，我就走吧。"可是它发现，自己已经开始纠结究竟要先迈哪一条腿了，折腾了好一阵儿，它发现自己不会走路了。

这个故事告诉我们一个道理，不要被别人质疑你的一些话所影响。当然，对自己有帮助的话，要虚心听取，没有帮助的话，果断屏蔽掉，让自己的内心强大起来，不要因为一些闲话停下追梦的脚步。你没有时间去搭理那些爱嚼舌根的人，你要用更多宝贵的时间与精力去实现心中美好的梦想。

网上人，网上事

网络很发达，我们想查找的知识基本上都能检索到。用网络去了解世界，用网络来丰富自己的思维。在网络上，我们能看到各种新闻，有些新闻就可以作为案例用到演讲中，当然使用的时候要照顾到别人的隐私，提到有些新闻中的人物时，尽量用化名，而且评价要公平公正。

用网络去了解世界

琨哥说

世界上的书，数量之多，我们一辈子拼命地读也读不完，所以要学会有选择地读书。

我平时读得比较多的书籍种类包括历史、文学、名人传记等。所以在备课或做演讲准备的时候，我便会把从书中看到的一些素材融入其中，就能得到很多借鉴和参考。关于书中精彩的故事，我会将它们先记在心里，等用到的时候再把这些故事用自己编排后的话语讲出来。有时，我看到有些孩子在给别人讲故事的时候，手里拿着本子在照着念。其实大可不必，我告诉大家一个秘诀，你只要把文字描写的故事想象成连贯的场景就可以了。讲述的时候只要一边想象着这些场景，一边用语言去讲述就可以了。

想要在网络上获得哪方面的知识，可以在搜索引擎中输入这个知识的关键词。比如，世界上海拔最高的山峰、蝴蝶效应、冷知识、励志小故事等。搜索完成后会出现很多条相关的信息，这时再去筛选。关于对网络的使用，要做到健康、适当。接触健康的网络信息，控制适当的上网时间。网络只是生活的一部分，而我们的生活应该是丰富多彩的。

琨哥说

跟大家分享一个从网上学来的知识。大家知道从1到9这九个数字写法的来历吗？网上有一些相关的信息。

根据法国人的研究发现，阿拉伯数字的写法与角的个数有关！下面我们先来把数字变个形。

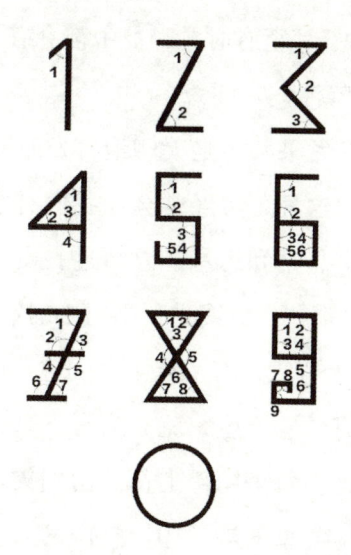

虽然不确定这个研究是否真实，但这个小知识是不是很有趣呢？类似的小知识都可以从网上学到。

心中人，心中事

　　学会总结和思考。你和一位朋友同时看了一部喜剧电影，他看完后只是哈哈大笑，而你看了之后却得到了一些感悟和启示，那你就是善于总结和思考的。有些人时常因为自己的不优秀而抱怨自责，然而许多年过去了，他还是那样。这件事就告诉我们，要想改变，抱怨和自责是没用的，你需要的是总结和思考，以及之后的行动。

　　一个人在发呆时，偶尔会灵光一现，这时会心想，我一定要记下来。但是，因为自己懒得动，过了一会儿，忘了！

　　灵感就是这样，像流星一样，来得快，走得也快。所以要及时做好记录，记到本子上、手机上或是电脑上。我有时在思考或发呆，脑海里有一些灵感或是一些新奇的画面出现时，我就会及时记录下来，经过整理后用到自己的演讲中；甚至有时在睡梦中都会有一些创意，醒来之后，趁着自己还没忘记，赶紧记录下来。

　　所以我觉得偶尔发发呆并不是无聊地打发时间，而是在放松的状态下进行着深度的思考。这种思考经常会让我们有意外收获。心中人、心中事，就是让我们学会总结和思考，总结过去发生的事，思考未来可能会发生的事，及时记录那些突然闯进自己内心的宝贵灵感。

　　白居易是唐代的大诗人，有"诗王"和"诗魔"之称。他平时有一个习惯，就是当心中有灵感产生，就立刻写下来，放进陶罐中。他的家里有很多陶罐，而且他在每个陶罐上都分门别类地贴上标签，以便把不同类型的灵感放进相应类型的罐子中。空闲的时候，他会把陶罐中的之前记录的灵感拿出来，经过仔细斟酌后修改成诗句。外出时，他也会带上一个陶罐，以便能随时保存在途中记录的灵感。所以说，他能成为一位著名的诗人是有原因的。

第四部分　演讲准备：平时默默努力，关键时毫不费力

灵感来了就立刻写下来

口诀总结

本章的口诀是：

知识到处有，用心才能求。
善用心手口，记忆不发愁。
兴趣是老师，习惯是朋友，
主动是伙伴，重复是帮手。

对有心的人而言，处处都是知识，世界上不缺少知识，只需要你有一颗热爱学习的心。学习知识的时候要把思考、记录

和背记相结合，这就是"善用心手口"。

为什么有的人认为学习枯燥？是因为他没有把学习和梦想联系在一起，为自己的梦想而学习就会充满动力，也就能对学习产生浓厚的兴趣。习惯不是机械地坚持，而是像呼吸一样自然而然进行的。善于发现身边的素材，及时记录自己的经历、体验、观察、感受、思考和总结。

主动是进步，被动是等待。学习就要主动出击。识记一些文字内容时，首先要思考和理解，然后就是重复和温习。有句话叫"书读百遍，其义自见"。那些所谓的"天才"与"神童"，都源自他们对某件事情的无数次用功。当然，不用一味地羡慕别人，只要你努力，你也可以。

作业：背诵

背诵一遍下面的这段话，并录制成几分钟的视频。

我热爱演讲，我敢于表达。
我拥有睿智的头脑！
我拥有伟大的梦想！
我拥有犀利的眼神！
我拥有丰富的表情！
我拥有潇洒的动作！

我拥有动听的声音！

我拥有真诚的语言！

我拥有十足的信心！

我拥有坚定的意志！

我拥有饱满的热情！

第十五章

精彩讲稿设计

本章我们来学习如何设计自己的演讲稿，这个内容非常重要，因为演讲稿就相当于演讲的灵魂。学习演讲，只是把站姿、面部表情、语调语速、肢体动作等外在的东西都练习得差不多了，这就够了吗？当然不够。还差一个非常重要的因素，那就是内在的演讲内容，也就是你要对观众讲些什么、表达些什么、传递些什么。

演讲内容的设计就像绘制一张思维蓝图，用活灵活现的文字罗列出一幅美妙的画卷，里面有人物、有故事、有风景、有心情、有回味、有憧憬、有感动、有陶醉……演讲稿有助于演讲思路的梳理和完善，让演讲内容的主线更加具体，细节更加到位，让演讲者措辞更加严谨，表述更加精彩。

演讲稿设计的4个核心

1. 主题明确

有些演讲会提前定好主题，比如爱国主题、感恩主题、梦想主题等。

如果需要自己决定演讲主题的话，就要考虑到听众的类型，比如听众都是小朋友，可以讲一些关于童年的主题；如果听众都是家长，可以选择家庭教育方面的主题。定好主题之后，要给自己的演讲确定一个题目。主题和题目的先后顺序是，先明确主题，然后根据主题的性质再制定题目。

比如你演讲的主题是关于梦想的，那题目就可以叫作《梦想的翅膀》《我的梦想在前方》《梦想之船》等。现在我们就以《梦想冲冲冲》为题目说一下讲稿设计的流程。

首先这篇演讲稿的主题是梦想，因而这篇讲稿的名字是《梦想冲冲冲》。

2. 观点清晰

让听众能听明白你演讲的核心意图，也就是你最想表达的是什么。比如在这篇《梦想冲冲冲》的演讲稿中，我最想表达的观点是：要想实现梦想，就要拥有旺盛的精力。这个观点足够清晰，听众一听就很明白你想表达什么。如果你观点不清晰，东讲几句、西讲几句，讲了半天，听众就蒙了，不知道你想表达什么。观点就像房屋的框架，其他的内容就像砖块、石块，只有框架稳固，房屋才稳固；框架松松垮垮，房屋便成了危房，随时有倒塌的可能。

3. 故事震撼

故事是演讲中最吸引人的板块，故事也能有力地证明你的观点。故事的选择就是要震撼，不要平淡。震撼的故事才能让人印象深刻。大家想一想，凡是你印象比较深的故事，很多都是比较震撼的。特别是一些惊险离奇的故事，或让人很感动的故事、或很好玩的故事。

有一些故事能给我们启发。

有一个年轻人感到非常烦恼,他就去找自己的一位老师倾诉。他对老师说:"老师啊,我最近感到太痛苦了,我家的房子很小,而且又住了一大家子人,太拥挤、太令人烦躁了,简直是难以忍受。我该怎么办啊?"

他的这位老师很有智慧,想了想说:"你相信我吗?愿意按照我说的去做吗?"年轻人说:"我当然相信您,愿意按照您说的去做。您说有什么办法?"老师认真地说:"你现在就回家,把家里养的羊啊、牛啊都赶进你住的房子里。"年轻人一听就蒙了,瞪大了眼睛很疑惑地看着老师。老师说:"你还愣着干什么?你不是说愿意按照我说的去做吗?去吧。"年轻人虽然有些疑惑,但回去之后还是按照老师的话把家里的十几头牛羊都赶进了屋子里。

没过三天,这个年轻人哭着找到了老师,痛苦地说:"老师啊,我这回彻底崩溃了。本来就很拥挤的屋子,现在又多了十几头牛羊。那种混乱和难闻的气味就别提了,您这是什么办法呀?"老师听了他的诉苦后,先是点点头,然后说道:"你现在就回去把家里的牛羊都从屋子里赶出去吧,三天后再来找我。"年轻人听后就回去把家里的牛羊都从屋子里赶了出去,又把屋子收拾了一番。

三天后,这个年轻人喜笑颜开地找到老师,一进门就说:"哇!老师,我现在觉得家里太美好了,没有了牛羊的吵闹,也没有了那些难闻的气味。我觉得家里非常安静、温馨,我的心情好极了。"老师听后,哈哈大笑,然后说道:"你看,家还是那个家,可你的心情却不一样了。知道这是为什么吗?因为有了前后的对比。当下的环境你不珍惜,而当环境变得很糟糕的时候你又怀念之前的环境。记住,只有常怀好心情,才能发现和拥有更加美好的生活。"

把这个故事放在自己的演讲中,一定会给听众带来启发,这就是故事的魅力。既能让别人感到震撼，又能论证自己的观点，还能给听众带来启发。

4. 收尾精彩

关于演讲的收尾环节，之前在"精彩收尾"那一章里讲过，大家回忆一下，都有哪些可以运用的收尾方式呢？句号收尾、感叹号收尾、问号收尾和省略号收尾，大家在设计讲稿的时候可以选择一个来使用。如果演讲的开头和中间过程都很顺利，那么精彩的收尾就会为你整场的演讲锦上添花；如果演讲的开头和中间过程不是很顺利，那精彩的收尾也能对整场的演讲起到一定的弥补作用。

讲稿设计的四个核心

我们结合一篇演讲稿的范文和大家一起深入了解一下讲稿设计的四个核心要素。

> 这一段进行了问候和自我介绍，也阐明了演讲主题和题目。主题是关于幸福，题目是《饺子》。

尊敬的老师，亲爱的同学们，大家好！我是来自山东的王琨。今天我演讲的题目是《饺子》。我希望大家听了我的演讲以后，能更加珍惜自己身边的幸福。

> 这一段说出了自己的观点："在我的心里饺子就是幸福。"

首先，问大家一个问题，大家都吃过饺子吗？吃过的人请举一下手。哇！大家都举手了！感谢大家的配合啊。那么，大家平时会把饺子和幸福联系在一起吗？在我的心里饺子就是幸福。也许有人会感到有些意外，那就听我来讲一讲吧。

> 这部分内容描述了包饺子的一些场景，又讲了一个让人感动的故事。描述场景时，把很多细节都展现得很细腻。特别是里面提到的三个片断，会让很多人联想到往事和自己的亲人。

我觉得饺子与其他大多数食物相比，它有两个最主要的特点：第一，它的样子非常有特色。外面是用面做的饺子皮儿，里面是各种各样的馅儿，有肉的，也有素的。哇！想一想，我都要流口水了。第二，就是它的制作工序比较复杂。大家想一想，我们的爸爸或妈妈，有没有一个人做出一大桌子饭菜的时候？有过，对吧？但是，你见过几次他们一个人包饺子呢？很少，对吧？说得直接一些，就是包饺子一般是需要几个人甚至是更多的人合作的。这里面包括洗菜、切菜、拌馅儿、和面、擀皮儿、包饺子、煮饺子等步骤，根据有些地方的饮食习惯，还需要剥蒜和捣蒜，最后，把煮好的饺子一盘一盘地端上餐桌。

通过我刚才的描述，大家的脑海中是否已经有了一家人在一起热热闹闹包饺子的场景呢？关于包饺子，在我的心里有三个非常温馨的片段。

第一个片段就是大家在一起包饺子时，一边包一边聊天，有时也会比一比谁包的饺子最好看。以前每次包饺子，我都没有爸爸妈妈包得漂亮，于是我就开始"创意"，把饺子包成各种有趣的造型。现在通过练习，我的手艺已经大有长进了，包的饺子又端正、又好看。

第二个片段就是饺子快出锅的时候，妈妈总是先捞出一个让爸爸尝尝，等爸爸说："好了！熟了！好吃！"我们就把煮好的饺子端上餐桌，一家人围坐在一起，开始享用美味的劳动果实。

第三个片段是妈妈担心煮好的饺子时间长了会粘在一起，就会偶尔端起盘子晃一晃，然后向我和爸爸笑着说："多吃几个，多吃几个。"

前几年，听过这样一个故事，一个年轻人在外地工作，有一次回老家看望年迈的父母，但是因为有急事要走，所以在家只能住一晚。年轻人到家时已是傍晚，父母看见儿子回来了，这里的故事也非常感人,通过这个故事诠释父母对孩子深深的爱。孩子吃下了热乎乎的饺子,心里感受到了父母对自己的爱,充满了感动,体验到了家中的温暖和幸福,也很好地验证了演讲者的观点:"在我的心里饺子就是幸福。"

特别高兴。做了一桌子饭菜,一家人一起吃了一顿团圆饭。

快到深夜了,母亲和儿子还在聊天,好像有着说不完的话。母亲轻声地问:"儿子,你都好长时间没回来了,明天不走行不行?这回能不能多待几天?"儿子有些愧疚地说:"妈,我也想多待几天,好好陪陪您和我爸,可是我这次有急事,不走不行啊。这样吧,妈,下次回来我一定多待几天。"母亲听了,点点头说:"那好吧,这次不知道你回来,家里也没做什么准备。"儿子笑着说:"妈,一家人,还需要准备啥?唉!只可惜这次待得时间短,不能吃到您包的韭菜鸡蛋馅儿的饺子了,我有时做梦都能梦到您包的饺子,简直太好吃了。下次回来,您一定要给我包韭菜鸡蛋馅儿的饺子吃啊。"母亲听后赶忙说:"好,好,下次妈一定给你包,让你吃个够。好了,快睡觉吧,明早五点多还要去赶车呢。"

于是儿子就休息了,可母亲却睡意全无了,她赶紧到另一间屋子找到老伴儿。老两口一商量,儿子回家一趟不容易,如果这次就让他吃上心心念念的饺子那该有多好啊。于是,两位老人开始行动,因为家里没有准备韭菜,他们就决定找邻居借一些回来。父亲披上衣服就出门了。外面寒风刺骨,父亲连续敲了几个邻居家的门，带着歉意的微笑向他们说明来意，可这几家也没有韭菜。他最后在离家很远的一户人家那里借来了一把韭菜。当他回到家，老伴儿已经把面和好了，鸡蛋也准备好了。

老两口为了不打扰到儿子休息，动作很轻，打着手电筒准备饺子馅儿，包饺子。时钟嘀嗒嘀嗒地走着，老两口一个饺子一个饺子地包着。虽说已经是后半夜了，但他们没有一点困意，脸上满是幸福的笑容。饺子包好了以后，他们就等着，等着儿子快起床时再煮，好让儿子能吃上热乎的饺子。

闹钟响了，儿子在蒙蒙胧胧中闻到了一股久违的香味，他起来一看，热腾腾的饺子已经出锅。儿子问父母："这是什么时候包的啊？我怎么一点儿都不知道。"妈妈笑着说："哎呀，你就别问了，快，快，趁热多吃点。"儿子吃了一口饺子，感觉太香了，泪水瞬间夺眶而出。

我觉得这个故事核心内容不是饺子，而是爱和幸福。我爱吃饺子，不仅因为饺子好吃，而是我知道，只要吃饺子，这些温馨的片段就会再次出现。虽然不知道谁发明的饺子，但是我要感谢饺子的发明者，我觉得他不仅发明了饺子，更发明了一种制造幸福的方法。如果有

> 这两段是精彩的收尾，把整场演讲推向一个高潮，让观众产生思考、获得启发，从而更加珍惜自己身边的幸福。

时间，就吃顿饺子吧！把爱放进馅儿里，把牵挂包进皮儿里，把关怀夹进碗里，把亲情记在心里。爸爸经常说一句话："人这一辈子啊，学的是人情世故，食的是人间烟火。"

饺子，代表的是团聚、团圆。它提醒我们要重视亲情，它告诉我们温暖就在身边。所以，对我来讲，饺子有幸福的味道！

口诀总结

本章的口诀是：

演讲要想妙，讲稿设计好。
主题要明确，框架要牢靠。
观点要清晰，故事不能少。
开场吊胃口，收尾热情高。
金句穿插用，听完忘不掉。
草稿到定稿，细细去推敲。

这个口诀中除了演讲稿设计的四个核心要素外，还说到了演讲的开场和金句的运用。

在"特色开场"的那一章，我们讲到了三种开场方式：第一种，常规开场。包括：问候+简单的自我介绍+互动。第二种，表演开场。表演一段吸引人的才艺。第三种，故事开场。讲一个令人震撼、难忘的故事。

　　本章中的这篇演讲稿所采用的是常规开场，先进行了问候、简单的自我介绍和互动。这篇演讲稿在开场时有没有关于吊胃口的描写呢？有，就是这一段："大家平时会把饺子和幸福联系在一起吗？在我的心里饺子就是幸福。也许有人会感到有些意外，那就听我来讲一讲吧。"这一段话会让很多观众感到有些意外和好奇，他们就会琢磨："饺子我吃过啊，那饺子怎么还和幸福联系到一起了呢？"于是就很想弄明白这到底是为什么，也就有了倾听的兴趣。

　　这里提到的金句就是你觉得很有道理的话语。比如在这篇演讲稿中的一个金句"人这一辈子啊，学的是人情世故，食的是人间烟火"。金句可能是学来的，也可能是自己创作的。金句读起来朗朗上口，记起来相对容易，对观点的诠释更加清晰。

作业：设计演讲稿

　　以快乐为主题，以《我的一天》为题目设计一篇时长不超过5分钟的演讲稿。朗读一遍，录制成视频。

第十六章

即兴演讲

学好这一章，能让你的演讲水平有跨越式的提升；学好这一章，可以让你在任何时间、任何地点都不再恐惧当众讲话。

即兴演讲就是在事先没有太多准备的情况下能够针对某个话题侃侃而谈。很多演讲都有机会提前进行有针对性的演练，而即兴演讲却基本没有。能做好即兴演讲就是一种水平，就是一种能力，就是一种胆量，就是一种本事。通过即兴演讲能看出一个人的演讲功底和他的应变能力以及心理素质，在看似没有太多准备的背后，它考验的是你平日里的训练和积累。

琨哥说

关于即兴演讲，我总结了一段话：熟练的演讲是张口就来，厉害的演讲是脱口而出，高手的演讲是随时随地，智慧的演讲是随机应变。即兴演讲是演讲中顶级的修炼，它是你用心付出后的激情绽放，它是心态、智慧、经验、训练紧密结合的产物，它是演讲者脱颖而出的秘籍，它是让观众眼前一亮的法宝。

大家记住，想学好即兴演讲就三个字：练！练！练！

第一个"练"是触景

假设，你现在没有太多的演讲基础，对即兴演讲也没什么经验。当你在没有准备的情况下当众演讲，可能就会大脑空白，心里发慌，支支吾吾，讲上两句话都感觉困难。那我们在平时应该如何训练呢？这就需要进行触景生情的练习。

练习的时候，拿出一定的时间，比如3分钟、5分钟、10分钟、15分钟，根据自己的身体状态和时间情况或是训练计划灵活决定。在你的身边随便找一件物品，或是在脑海中想象出一个物品，什么都不限定，就是张嘴开始说话。当然不能说负能量的话，说的时候不用考虑逻辑是否合理，不用考虑用词是否优美，简单讲就是想到什么说什么。张口就讲，甚至让你说话的速度超过你思考的速度，这是在锻炼我们的反应速度和语感。

拿着一支笔也可以演讲

看见一样东西，就把你所观察到的、你所感受到的连贯地讲出来。今天可能讲讲电视，明天可能讲讲桌子，后天可能会讲讲书包。出门游玩时，可能对着一棵树讲一讲，买了一瓶水，也可以对着这瓶水讲一讲。真可谓走到哪里讲到哪里，看到什么就讲什么。你讲得越多，练得越多，你的语感就会越强，你大脑运行的速度就会越快。渐渐地，张口讲话对于你来说就是家常便饭。

第二个"练"是常规

即兴演讲一般是临时决定的，因此时间不会太长。自己在心里构建一个即兴演讲的常规结构，并把这个结构当成经常使用的模板，这样看来即兴演讲就变得简单一些了。我给大家讲一种即兴演讲的结构，也是我经常使用的。这个结构是问候＋感谢＋自我介绍＋观点或感受＋祝福。在平时练习的时候，可以想象出各种场景，然后依照这个结构进行训练。真正进行即兴演讲的时候，就会胸有成竹了。

比如有这样一个场景。

你看，他的妈妈从心里就有些不相信小宇。家长们注意，遇到这种情况，要从内心相信自己的孩子，并给予孩子信心与鼓励。

过年的时候，家族的亲戚们在一起吃饭，这时小宇的二叔突然提议说："哎呀，难得今天这么热闹，平时大家都在五湖四海，今天相聚在一起。大家一定都有很多想说的话，我们就来畅谈一下吧，谁先发言呢？这样吧，听说我的侄子小宇正在学演讲，那就让他先说吧，来，大家掌声欢迎！"

此时的小宇，在那里吃得正香呢，听二叔这么一说，瞬间就感觉一阵紧张，心里说："二叔啊二叔，好好的菜你不吃，好好的酒你不喝，你说你咋就突然想到这个事了呢？而且还是让我第一个说，唉！"

但是，小宇紧张归紧张，他终归是学过即兴演讲的，是练过的，他一直记得老师说过的一句话："只要有冲上舞台的机会就立刻冲上舞台。"想到这些，他就下定决心一定要在亲戚面前露一手。而此刻他的妈妈可慌了，用焦急的眼神看着小宇，心想："小宇他敢站起来演讲吗？要是讲不好，哎哟，那就丢人了，这可怎么办啊？"

> 即使孩子真的没讲好，也要给予安慰。正所谓"只有小范围丢脸才会有大范围长脸"。

伴随着大家的掌声，小宇站起身，来到亲戚们面前，站姿端正，眼睛炯炯有神，面带微笑，高声地开始了他的演讲。他之所以能够做到从容淡定，是因为在他的心里早就有一套关于即兴演讲的模板。就是我刚才讲的那个常规结构：问候＋感谢＋自我介绍＋观点或感受＋祝福。他说："在座的各位长辈、各位兄弟姐妹，大家中午好！"

> 这句是问候。

这是感谢。感谢之后应该是自我介绍。但是因为小宇是在自己家族聚会中发言，所以就不用介绍了。但如果是有陌生人在场或是在陌生的场合演讲就需要做一个自我介绍，主要说一下自己的姓名和家乡。

"非常感谢二叔的提议和他对我的信任。也感谢大家的掌声。"

我们通常在进行一段分享或演讲时最好是很明确地讲几点，这样就会让人觉得你讲的内容逻辑很清晰，但是不要太多点，太多了，大家就很容易觉得枯燥，自己也容易忘词。

小宇接着说："看到大家欢聚在一起，此时此刻我的心里有太多的感受，那今天我就讲三点吧。"

小宇接着说:"第一点,我为自己是我们这个家族的一员而感到自豪,因为家族里的每个人都在用心地努力着。各位长辈奋斗在不同的工作岗位,勤勤恳恳、兢兢业业,为我们晚辈做了榜样。比如,二叔今年再次获得了他们厂里的技术能手证书,大伯为他们公司完成了两个创新项目,这些都非常值得我和兄弟姐妹们学习。

"第二点,在座的各位兄弟姐妹,你们今年又给了我很多的惊喜。你们热情、懂礼貌,因为我和爸爸妈妈离老家最远,所以我回来的时候,你们对我非常地关心。因为我衣服带得少,小壮哥哥给我拿了一件特别厚的棉衣,穿上之后感觉温暖极了;小娟姐姐还送来了我最爱吃的冻梨;小闯弟弟才三岁,但是我觉得他长高了许多,他一见到我就笑得可开心了。兄弟姐妹们,我们是家族的希望,长辈们在努力地为我们创造更加美好的生活,我觉得我们对他们最好的回报就是健康快乐地成长,志向远大地成才。

"第三点,我希望我们家族中的各个家庭能在平时多联系、多沟通,让我们的关系更加紧密。虽说不在同一个城市,但是可以通过打电话和网络视频等方式来交流,把快乐和幸福分享给家族中的每一个人。"

小宇讲的这三点,逻辑清晰、细节到位。第一点主要是讲长辈,第二点是讲兄弟姐妹,第三点是讲家族中各个家庭之间的联系,全面又具体。全面的是他讲到了三个领域,具体的是他列举了很多具体的例子。

在演讲快结束时，小宇又给到大家祝福。他说："最后祝愿在座的各位长辈身体健康！工作顺利！祝愿各位兄弟姐妹学习进步！天天开心！我爱你们！谢谢大家！"

一整套流程下来，顺利流畅，让人称赞和难忘。在座的亲戚们送给了小宇热烈的掌声和赞许的目光。

问候＋感谢＋自我介绍＋观点或感受＋祝福，记住这个常规结构倒是不难。但既然是在没有太多准备的情况下，小宇是怎么做到说得这样详细的？接下来会在第三个"练"中重点讲。

第三个"练"是未雨绸缪

这个板块的核心概念就是在平时把可能会进行的一些即兴演讲提前做一些准备。之前说到即兴演讲就是在没有太多准备的情况下进行的，但这不代表在平时不能做一些必要的准备。比如我们预想一下未来自己在哪些场合可能会进行即兴演讲。例如家族聚会、同学聚会、自己为某个活动担任嘉宾，参加别人的婚礼，参加朋友的生日会、班会、夏令营或冬令营等。提前想一想，如果让你讲你会讲些什么，然后写出演讲稿，多加练习。特别是针对参加的活动，更要充分地准备和练习。这样，你在演讲的时候就会胸有成竹，就会有更好的发挥。

"未雨绸缪"的大概意思是：在天还没下雨的时候，就修补好房屋的门窗。如果已经开始下雨了，你再去修补已经破损的门窗，恐怕是为时已晚了。同理，在即兴演讲时，想要有精彩的发挥，就要学会提前准备。把准备好的结构、素材放在心中，等用到的时候，来一个精彩的展示，从而震撼全场！平时通过练习，加强自己的语感，提升自己的思维敏捷度，再记住这个常规结构，又有充分的提前准备和练习，你还担心自己的即兴演讲不够精彩出众吗？

口诀总结

本章的口诀是：

一秒灵机一动，两秒冥思苦想，
三秒计上心来，四秒重点明朗，
五秒稳定心神，六秒闪亮登场。

为什么用这六秒钟来形容即兴演讲呢？就是因为即兴演讲给我们的准备时间实在是太少了。从接到让你演讲或分享的邀请和掌声，到你站在舞台上开始演讲，可能也就是短暂的几秒时间。

作业：触景生情练习

请家人给自己现场指定一个词语，参照范文，进行一次触景生情的练习，并录制成一段 5 分钟以内的视频。

范文：

《镜子》

各位朋友、各位伙伴，大家好！我是小宇，今天我演讲的题目是《镜子》。说到镜子，大家应该都很熟悉，因为几乎每天都会接触和用到它。我记不清小时候第一次照镜子时的情景了，当时的我，看到镜子中的自己，心里会非常惊讶和好奇吧。

高兴的时候，我喜欢照镜子，看到镜子中的自己，越看越欢喜；无聊的时候，我喜欢照镜子，整整头发，弄弄衣服，这样就能更快恢复元气；难过的时候，我喜欢照镜子，什么都不做，呆呆地看着镜子中面无表情的自己，心中怀念着过去的日子里那些美好的回忆。

在家里，每个人照镜子的方式是不同的。爸爸照镜子，总是离得很远，他要从头到脚看到自己，摆几个帅气的造型，再来几个潇洒的转身，才满意地离去；妈妈照镜子总是离得很近，好像只看那张漂亮的脸，眉毛、眼线、细微之处堪比考古发现，最后来一个华丽的转身，才离开现场；我照镜子，忽远忽近做着鬼脸，特别是在刷牙的时候，看着嘴唇上少许的牙膏沫，看着"勤劳"的牙刷在洗刷着牙齿，好像只有这样，才能把牙刷干净。

不知不觉中，我在慢慢地长大。镜子还是那面镜子，可镜子中的我长高了，镜子中的爸爸成熟中略显沧桑，镜子中的妈妈惊叫着发现了一根白发。镜子记录着生活的琐碎、韵味和酸甜苦辣，镜子留存着成长的记忆和珍贵的年华，同时，镜子也见证了我们一家人的欢声笑语和幸福的春秋冬夏。

第十七章

出色控场

什么叫控场？就是演讲者能从头到尾把控全场，让观众的注意力能集中在你的演讲上，让观众的情绪能随着你的演讲内容而变化。说得简单一些就是要抓住观众的心。如果在你演讲的时候，观众在交头接耳、东张西望、昏昏欲睡，这就是你的控场没有做好。大家想一想，即使演讲者所讲的内容再精彩、再实用，观众的注意力却没在演讲内容上，那这样的演讲就是在浪费时间，浪费了演讲者的时间，也浪费了观众的时间。

琨哥说

为什么同样的话，不同的人说出来会有不同的感觉和效果呢？这与讲话者的控场能力有很大关系。所以，我根据自己的演讲经验总结了一句话：演讲时，50%在演讲，50%在控场。

正所谓，出色控场，不同凡响；不会控场，紧张心慌。会控场，台上讲，台下在鼓掌，台上讲，台下写字忙；不会控场，台上讲，台下也在讲，台上讲，台下睡得香。这段话什么意思呢？就是你能很好地把控住全场，现场的观众会掌声热烈，认真地做笔记。如果你不能把控好全场，就会有观众在聊天和睡觉。

演讲者像领头雁，引领前行，队形不乱；演讲者像指挥家，主导节奏，秩序井然。

关于如何更好地控场，有4个要点。

锻造强大的个人魅力

有一些人的气场很强，他一出现，在场的人都对他肃然起敬，目光和注意力不由自主地会被他吸引。那他的气场是从哪里产生的呢？是从他内在的气质由内而外而产生的。当然，有些人的气场也和他自身的名气有关。如果一个观众陌生的演讲者站上舞台就能展现出一种强大的气场，这个人一定接受过非常专业的训练。其实能做到这一点也不是特别难，主要记住一点，就是内在的自信。

关于自信，在之前的章节中也提到过，自信是一个人行动力的重要来源。有些人为什么容易胆怯，为什么恐惧人际交往？基本上都是因为缺少自信。我有一个小学员，之前因为自己的脸上长了一颗黑色的痣而自卑，经常用手捂住，不想被其他小朋友看到。我跟她说了一句话："这颗痣，可能是上天送给你的一份特别的礼物！"她听完后渐渐变得自信起来，有时还主动跟别人说起她的这颗痣，表情中还带着一份快乐。

"在这个世界上没有两个完全相同的人。"也就是说你在这个世界上是独一无二的，仅仅因为这一点，就应该让你自信起来。再通过不断的学习和练习，让自己拥有特长，让自己优秀出众，那你的魅力不就自然而然地产生了吗？

打造引人入胜的内容

什么样的演讲内容才能引人入胜呢？有用和有趣。

第一个词——有用

在你准备演讲稿和演讲思路的时候，你就要考虑你要讲的每一句话，甚至是每一个字是否对听众有帮助。为什么有些人在演讲时，观众提不起精神，心不在焉？很有可能是观众觉得他讲的内容没有用。所以，我们的演讲内容要懂得精选。

另外，有些人想讲的内容太多，这个也想讲，那个也想讲，哪个都不想舍掉，最后可能就是哪方面也没讲明白，观众的收获也不大。每次演讲的观点内容不要太多，逻辑清晰，语言精练，不讲废话，尽量把每个观点都讲透彻、讲清楚，这才算是成功的演讲。把有用的知识分享给听众，让听众听得懂、用得上。

第二个词——有趣

之前章节里也提到过，绝大多数的人都喜欢听故事，因为多数的故事具有趣味性，让人听起来轻松、愉快，演讲也是如此。观众对你的演讲充满期待，因为他们知道你是一个有趣的人，觉得听你的演讲就是一种享受。

接下来，我们来思考一个问题，就是如何让你的演讲变得有趣。我有两个方法：第一是提前设计。在演讲之前想一想整场演讲的环节如何设计更能让观众觉得有趣、轻松，里面加什么互动？加哪些故事？第二是努力让自己成为一个有趣的人。要想让一生都精彩丰富，就要让每一天都精彩丰富，让自己更加积极主动，更加热爱生活，让自己更敏锐地观察周围世界，让自己的生活充满创意与体验。如果你的生活和思想非常单调，你的能量又从哪里来？你的状态又如何能变得更好？

一个人的乐观、一个人的有趣会让他想出许多有趣的创意。那他的演讲内容里也一定能体现出很多有趣的元素，从而带给观众快乐。

过山车一样的演讲节奏

有些人在乘坐汽车和火车时，有睡觉的习惯，这些人为什么会睡觉？除了真是困了之外，还有就是觉得无聊，因为他们感觉到汽车和火车跑起来时，多数的时间是很平稳的，于是就越来越觉得安静、越来越觉得无聊，慢慢地就睡着了。有谁见过坐过山车时睡觉的人呢？没有。因为坐过山车太刺激了，故事中跌宕起伏也有这个效果。

演讲时，如果你一直像念稿一样，几乎用一样的语调和语速，那就会让人有一种坐长途车的感觉，时间长了就容易困倦。但是如果你的演讲听起来像坐过山车一样，观众就会随着你的演讲节奏，时而沉思，时而兴奋，时而开怀大笑，时而振奋高亢。

听演讲如坐过山车

另外，在演讲时，要灵活地和观众互动，互动是提升观众热情和参与感的方式之一。在演讲中也要经常给予观众赞美，比如："哇！你们的掌声太热烈了！""哇！大家的热情太高了！""你的这个问题问得很好！""哎，你的这个想法真的挺妙的！"赞美能让观众觉得自己受到了关注，受到了重视，从而提升了存在感和参与感。

淡定灵活的应变能力

在演讲前，你只能尽量想象和预料整个过程，但真正会发生什么都是未知，而且在演讲中难免会出现一些意外情况，比如忘词、现场突然停电了、上舞台的时候不小心摔倒了、演讲时有些观众大声说话，以及音乐、图片或视频播放失误等。遇到这些情况怎么办呢？首先不要慌，稳住心神。慌乱不能解决问题，只会让问题变得更加糟糕。然后就是灵活应对。

针对上述的一些意外情况，我简单地讲一下应对方法。如果在演讲当中忘词了，先稳定自己的情绪，之后有两种办法可以应对这种情况。

第一个是"跳木马法"，这个有点像巧妙回答的那一课里面的预留时间。既然下一句话或是下一个观点想不起来了，那就把它跳过去，讲之后的内容。如果遗漏的内容很重要，就边讲边想，等想起来了就灵活地加在后面的内容里再讲。如果遗漏的内容不是特别重要，那就不用再补上了。

第二个是"回顾法"，就是把你刚刚讲过的内容再回顾一遍。你可以这样说："我觉得刚讲的这些内容非常重要，为了加深印象，我们一起来回顾一下。"然后你就把刚才所讲的内容中的重点或是观点带着大家做一次复习，或是对于一些观点再深入地分析一下，边讲边想忘记的内容。这里要注意的是，回顾的时间不能过长，回顾完了以后，如果想起来了，就接着讲，如果没想起来，就采用"跳木马法"再尝试一下。

其实忘词的现象比较常见，它不但考验你的记忆力，更考验你的心理素质和应变能力。忘词时不能出现三种表现，第一种是反复地说一句话。比如，你讲到"我的爸爸身体很强壮"，原本你的下一句话应该是"但是他却有一颗柔软的心"，但你把后面的这句话忘了，就重复地说："我的爸爸身体很强壮，我的爸爸身体很强壮，我的爸爸身体很强壮……"这样做是不可取的。如果你这样做，现场的观众一看就知道你忘词了，现场的气氛就会很尴尬。

第二种表现是长时间不说话。忘词后就脸红脖子粗地站在那儿想，这也是不可取的。这样会增加你的紧张和不安的情绪，观众也容易交头接耳地议论："怎么回事？他怎么不说话了？哦，他忘词了，他忘词了！"现场得多尴尬。

忘词时不要发呆

第三种表现是告知观众自己忘词了。比如说："对不起，我忘词了。"这样做也许会博得大家的一些理解，也可能证明你诚实、勇敢，但是这样做就等于告诉大家你的演讲出现了一个失误。

忘词后，首先想到的应该是如何补救，而不是直接放弃。

如果你想在演讲中放入一些诗词或是名人名言等广为传诵的内容，在演讲之前一定要背熟，尽量不要在演讲中背错或忘记。有人说背也背了，还自认为背得很熟了，可演讲时背到一半却忘词了，怎么办？

我有一个学员，他在一次演讲中背诵了一首诗，名字叫《春江花月夜》，内容相对较长，他刚背完第五句，突然忘了下一句了，但是他反应速度挺快，他没有跳过忘记的这句，因为这样的话，就破坏了整首诗的完整性了，而是镇定地说："这首诗写得简直太妙了，这首诗很长，由于时间关系，我就背诵到这里，接下来我给大家分享一下这首诗里作者所描绘的意境。"这就是一种演讲中的补救。但还是建议在演讲之前一定要背熟，尽量不要在演讲中背错或忘记。

再有一种意外情况，就是突然停电。如果出现这个情况怎么办呢？当然，首先还是保持镇定，不管停电的时间是短还是长，都尽量不让演讲中断。

有一次我给数千名观众讲课，正讲着呢，突然会场里的灯都熄灭了，音箱也没声音了，现场的观众下意识地发出了惊讶的声音，然后就齐刷刷地看着我。我稳了一下心神，为了让后排的观众听得更清楚，我提高声音说道："哎呀，人生的道路有平坦也有坎坷，难免会遇到一些小小的波折，请不要伤心，请不要难过，积极乐观地面对，幸福与美好就会迎面而来。就像今天的停电，这也许会让大家更能静下心来听我讲课，那大家就在这个安静的环境中听我娓娓道来吧。"接下来我一边讲一边从舞台走向观众席，这样他们就会听得更加清楚些。那次演讲的效果非常好，观众也有了一次不一样的体验。当然，如果遇到上场时不小心摔倒的意外情况，你也可以用上面这句话来缓解尴尬。

如果你正在演讲时，有个别观众大声说话怎么办呢？我在很早之前的演讲中也遇到过这种情况。其实有很多时候观众大声说话也并非故意的，原因可能是他们平时就习惯大声地说话，或是对你讲的内容不感兴趣等，但不管是什么原因，他们的举动都会对你和其他观众产生影响。

那如何应对呢？

第一种方法是"空气凝固法"，让自己的讲话暂停几秒钟，暂停的时候，你的表情要显得自然，用目光环视一下全场，这个时候，因为你停止讲话了，所以现场就会更加清晰地听到他们说话的声音，那么他们俩一看："哎呀，这下坏了，咱们俩咋成为全场的焦点了？快，别说了，别说了。"你看，这个方法依靠的是一个人的良知与羞耻心，等他们不讲了，你再开始接下来的演讲。

第二种方法是"眼神互动法"。用眼神和肢体语言示意现场的工作人员前去提醒一下。一般在演讲的现场，都会有维持秩序的工作人员。比如我在讲线下课的时候，会场就有场内总监。如果遇到这种情况我会和场内总监做一个眼神的互动，他立刻就明白是什么意思，于是他就走过去提醒那些说话的观众。

第三种方法是"干扰思路法"。如果你听到有两个观众大声说话，你可以先想到一句演讲中的金句或是要点的一句话，然后向观众说："来，刚才我讲的内容中有一句话是非常重要的，现在大家来跟我大声地读一遍，我先说，大家再复述。'出色控场，不同凡响；不会控场，紧张心慌。'"

当你和现场的观众大声地说出这句话的时候，这些声音就会把那两个人说话的声音给淹没了，对他们的思路造成了干扰，他们基本上也就聊不下去了。

干扰思路法

还要特别说明一点，如果遇到这种情况，演讲者不能对着大声说话的观众当众进行批评、指责甚至是说出过激的语言。因为，这样做会显得演讲者缺乏包容心，而且也会让现场的气氛变得很紧张，容易让事态变得严重。

最后再讲一个演讲中的意外情况，如果你在演讲时，工作人员没能及时地把音乐、图片、视频播放出来，或是播放错了，首先还是让内心不要慌乱，然后可以用一句轻松的话来化解，比如："哎呀，估计是DJ老师有些紧张，来，大家用掌声鼓励一下我们的DJ老师。"或者说："哎呀，我准备给大家看的这些图片呀，可能它们是有些害羞。来，让我们用掌声再次欢迎一下。"用类似这样的比较轻松、幽默的语言化解尴尬，会让观众在轻松、快乐的氛围中更加包容你在演讲中出现的一些失误。

口诀总结

今天的口诀是：

演讲想圆满，控场是关键。
一人台上站，引领一大片。
提升吸引力，给予存在感。
故事要精彩，互动常出现。
赞美要跟上，句句入心田。
失误出现时，智慧来化险。

"一人台上站，引领一大片。"这一句生动地说明了当你站上舞台演讲的时候，你就是全场的"定心丸"，现场的观众会把你当成焦点。当你站在舞台的那一刻，就要把"不行""害怕""紧张"等一些给自己带来负能量的词统统甩掉。用你的魅力和智慧来把控全场。

作业：演讲文稿

想象这样一个场景，你正在为1000人进行题目为《幽默的力量》的演讲。参照以下6个建议，说一说你怎样做才能让大家听得更加专注，发挥你的想象力，可以先写出文稿，再读一遍，录制一段5分钟以内的视频。

（1）首先在上场演讲之前，我要对自己进行积极、良好的自我暗示。

（2）上场后，我先讲两个特别搞笑的小故事。第一个目的是热场，让大家开心，让现场的氛围更好一些。第二个目的是用这两个小故事来凸显、强调本次演讲的主题。

（3）阐述幽默在我们生活中，特别是在演讲中的重要性。先讲两个因为不懂幽默而造成尴尬的案例或故事，然后再讲两个因为幽默给自己带来帮助的案例或故事。

（4）在演讲中，我会选两位观众和我进行互动，表演一段小品，让观众在开心地欣赏节目的同时，对幽默有一个更直观的了解，从而加深对幽默的认可和喜欢。

（5）我也准备了几段幽默视频来助力我的演讲，让大家更直观地了解幽默的大致类型，以及如何让幽默与场合更加匹配。

（6）对于观众的回应和积极的互动，我会给予及时的称赞和感谢，以此来提升大家互动的积极性。

第五部分

场景练习：抓住人生的关键时刻

◎ 演讲比赛

◎ 班级竞选

◎ 家庭会议

第十八章

演讲比赛

琨哥说

关于演讲比赛，我总结了一段话："是英雄，是好汉，演讲比赛来相见。比心态，比训练，高手云集来挑战。演讲比赛是让演讲小白成为演讲高手的捷径，演讲比赛是从平时训练过渡到实力测试的考场。这里有紧张、有兴奋、有期待、有梦想，也许还会有失败、遗憾、难过、泪水，但这里更有不服输的品质，勇敢展示的精神，还会有荣誉、友谊、成长和经历。这里是勇敢者的舞台，这里是通向成功的跳板。"

也许很多人认为，平时很少参加演讲比赛，那为什么还要专门讲一章？因为我们平时的事情虽然多，但其中真正能改变自己命运的很少。

演讲比赛平时比较少见，能够参加演讲比赛的人肯定是出类拔萃的！能在海选中晋级的人少之又少，所以能够参加演讲比赛的选手，相对来讲就已经很优秀了。

演讲比赛对一个人的人生又有哪些帮助呢？第一是对心志的锻炼。参赛时要面对观众侃侃而谈，一个人站在舞台上，大家都齐刷刷地看着你。如果你能够经常参加演讲比赛，那对你的心志将会有很大的锻炼。

第二个是能力的提升。参赛之前要进行大量的练习，这些练习对你的思维和讲话来说是一种锻炼，思维和讲话都是人生中重要的能力。

第三是影响力的提升。如果你能够参加演讲比赛，身边的同学、朋友都会对你刮目相看，大家对你会更加关注与佩服，你在大家心中的影响力也会随之增强。

第四是开阔自己的视野、放大自己的梦想。能在上百人、上千人，甚至更多人面前演讲的人绝对不简单，他的使命感、责任感、价值感和荣誉感都会增强，梦想也会随之被放大。

以上讲到的参加演讲比赛对人生的四个帮助，足以说明演讲比赛是人生中能够改变自己命运的机会。

那如何在演讲比赛中发挥得更好呢？

心态的调整

无论在比赛前还是在比赛中，都应该保持良好的心态。良好的心态是如何产生的？

第一，遇事要习惯性地往好处想，减少消极的想法。如果你经常在想："哎呀，这次要是讲砸了,该怎么办呀？""哎呀,我会不会忘词啊？""哎呀,我会不会紧张啊。"这样的想法能让你保持良好的心态吗？不讲砸了才怪。如果换一个角度，你把结果都向好的方面想："我这次的演讲一定会大获成功,爸爸妈妈得多高兴呢。我的演讲一定会让现场的观众深受感动,他们得多感谢我呢。我下一次要参加更大规模的演讲,我的人生真的是太精彩了!"这样想就会越来越自信,越想越有动力,在潜意识里越来越欣赏自己。

第二赛前要进行大量的练习和模拟场景的训练。演讲稿要一遍一遍地读,一遍一遍地练,每一句话、每一个字都深深地刻在心里。如果你的词不熟,比赛时,即使没忘词,也会因为关注点一直在想词上,而忽略了关注眼神、表情、动作、语调、语速等方面。观众一听,就知道你是在机械地背词。这样的演讲,毫无情感可言。词不熟,自己也更容易紧张。

模拟场景的训练就是在赛前、在心中把要演讲的流程从头到尾地想若干遍,包括候场、上场、开场、互动、讲故事、收尾等一系列环节,甚至包括舞台是什么样,现场观众的表情是什么样的,灯光是什么样的、音箱是什么样的,想象观众热烈的掌声、期待和赞许的目光等,能想到的场景尽量都想到。体验那种感觉,享受那种氛围。如果你再自信一点,你可以把颁奖的环节也想一下,甚至把获奖感言都想好。此时在思想上,你已经是一名胜出者。

在比赛之前,要尽量让自己保持平和的状态。这种状态一直保持到临上场前。在即将上场的时候,再由平和的状态转变成适度兴奋的状态。身心太过于紧张,就不能灵活地控制身体;身心太过于放松,就无法集中精神与力量。只有适度兴奋的状态,才会有良好的发挥。

演讲比赛时,太过于平静,很难表达出丰富的情感;太过于紧张,表情容易僵硬,声音容易颤抖,动作容易走形,就难以有正常或超常的发挥。而适度的兴奋状态,会让你信心十足,还会增加自我表现的欲望,思维会更加敏捷,精力更加旺盛,遇到问题时,也会更加积极地面对和解决。

有些同学很担心自己在演讲时会紧张，其实紧张是正常的现象，你只需要尽量地去克制和缓解。有几个人能说自己演讲时一点儿都不紧张的？只是有的人的紧张，表面上看不出来罢了。

随着训练的不断积累和演讲经验的不断增加，我们缓解紧张的能力也会不断加强，缓解紧张的速度也就会不断地加快了。充足的准备加上积极的心态，你的紧张感会越来越弱，最后变得微乎其微。

琨哥说

紧张的主要原因无非是三个，第一个是准备不充分，心里没底；第二个是过于期待结果，害怕失败；第三个，太在乎别人对自己的评价和看法，害怕被人家笑话。针对这三个原因，我告诉你三句话：做好充分的练习，保持良好的心态，磨炼强大的心志。

服装的选择

参加演讲比赛时，如果活动需要选手们统一服装，那就尽量让自己的服装保持整洁；如果是自选服装，大体的标准就是穿着舒适，看起来符合身份，素雅、大方。有些人在比赛时为了让自己的形象看起来不错，穿上了不合身的衣服，然而在演讲时，衣服带来的不舒适感会影响他的演讲，会让人分心，心情不好。

有一次，我在一场演讲比赛中做评委，有个10岁左右的小男孩上场演讲，他一上场，我就发现他的服装有问题。这个小男孩儿胖乎乎的，穿着一条黑色的裤子，白色的衬衫，还打了个黑色的领结。整体颜色看上去倒没什么，可是衣服严重不合身，小了得有两号，估计是他妈妈想让他看上去瘦一点儿吧。本来他身上的肉就多，穿的衣服太小，导致他走路都迈不开腿，肚子上的肉都挤出来了。因为当时是夏天，天气比较热，再加上小男孩很紧张，一直在流汗，不一会儿白衬衫就湿透了，衣服紧紧地贴在了身上。领口也非常紧，再加上领结一勒，显得他的小脸儿更圆了。可怜的孩子啊，说话都有些费劲，他哪还有心情演讲。

另外，参赛者要检查好服装的扣子和腰带，防止出现演讲中衣扣开了或是裤子掉了的情况。还有服装要符合你的气质、年龄、身份、演讲主题。如果穿得过于华丽或是穿一些奇装异服，反而会破坏评委和观众对你的印象。

赛后的总结

一场比赛结束，选手基本上会有如释重负的感觉。表现好的，可能兴高采烈，表现得不好可能会情绪暂时有些低落，但用不了多久，生活又回归到常态。但是大家记住，比赛结束后才是最好的进步时机。从赛场下来，要给自己做一个全面的总结，并且制订下一步的训练计划。什么叫高手？高手就是不经意间让自己快速成长和进步。

总结时你要回想在整个比赛过程中你和其他选手的表现。可以大体分成6个方面：（1）你做得非常好的是哪些环节。（2）你做得比较好的是哪些环节。（3）你做得不是很满意的是哪些环节。（4）你出现失误的是哪些环节。（5）其他选手表现非常棒的地方。（6）其他选手出现失误的地方。

制订计划就是规划下一步该如何做。表现好的地方要进一步加强、加以练习；表现不好或是失误的地方要加以改正和完善。别人表现好的地方，自己认真学习；别人表现不好的地方，要提醒自己在未来的比赛中要避免出现类似的问题，然后再把这些细节放在自己以后训练的计划中。

每次讲完课，我都会回想与总结自己在讲课时的表现。有时甚至会为了课程中的一个小故事长时间地冥思苦想、细细地琢磨："为什么我讲完这个故事，观众的反应不像我预期中那么强烈呢？是哪句话出了问题呢？如果我先这么讲，然后再那么讲，效果是否会不同呢？"正是因为如此，我才能有所进步。"绝大多数的成功都是设计出来的！"有一个成功的秘诀是"永远比对手快半步"！当别人还沉浸在得奖的狂喜之中，当别人还在遗憾、失落中徘徊，你正在做着清醒的赛后分析，制订着下一步详尽的训练计划。因为你的脚步不会停留，你要朝着更长远的目标与梦想前进。

垂头丧气　　　　　　　　赛后总结

在这里我建议大家，比赛之后，不管结果如何，要进行自我奖励，给自己买一个礼物，吃点好吃的，和父母看一场电影等。因为这是对自己鼓励和激励，给自己安慰和温暖。

有一种成功是用结果证明你值得拥有；有一种幸福是用自己的努力换来自己想要的生活。就像自己给自己的奖励，这会让你在潜意识里懂得付出和美好是相连的。

演讲比赛的9条建议

1. 有时间，可以看一些演讲比赛的视频。

2. 有机会，可以向有过演讲比赛经验的人请教。

3. 如果比赛允许，提前选好适合自己演讲主题的背景音乐，它能为你的演讲锦上添花。

4. 比赛前，最好找机会在家人或朋友面前进行模拟比赛的练习，并让他们提出意见和建议。

5. 在脑海中要多次构想着演讲比赛的现场画面，想象着紧张、忘词、语无伦次等让自己担心的场景，然后再思考应对方法。经过多次练习，提升自己对意外情况的应对能力。

6. 把自己演讲内容的核心框架变成一幅图画，并牢记在心中。

7. 每次练习时，尽量按照正式比赛对待，把练习场当比赛场，做好时间的把控。

8. 对着镜子，多次推敲眼神、动作、表情的运用和细节处理。

9. 通过练习，在演讲时尽量不要出现像背稿一样的生硬感。讲故事时，就当作所讲的事情正在发生，而你是里面的主人公或是亲历者。

口诀总结

本章的口诀是：

演讲比赛很难得，立志要把冠军夺。
即使倒数也不怕，重在参与有收获。
心态摆正是基础，准备充分胜券多。
模拟练习一遍遍，不同情境多琢磨。
开场稳住莫慌张，进入状态似忘我。
赛后总结要客观，自我奖励及时做。

对于演讲比赛，应该敢于抓住机会，要有必胜的信心。心态良好，胜不骄，败不馁，以锻炼成长为主要目的。在比赛前做好充足的准备，进行模拟练习，想象着各种容易出现的场景，提前做到心中有数。开场时稳住心神，全身心地投入自己的演讲中，自然又震撼。比赛后及时做好总结和下一步的训练计划，给自己适当的奖励，让你的拼搏付出有一种幸福的感觉。

作业：演讲比赛视频

读一遍王老师为大家讲的关于演讲比赛准备的 9 条建议，并录制成一段 5 分钟以内的视频。

第十九章

班级竞选

我们为什么要参与竞选？是为了提升自己的责任感，让引领团队成为一种习惯。如果你只想做一个普通人，只管好自己，当然是相对安逸、悠闲的；而你若是敢于激发自身潜力，敢于引领团队，乐于服务他人，才是个体价值最大的体现。

琨哥说

　　一个人心里装着他人、装着团队时，要比只想着自己时的能量大得多。你的责任感越强，你的上进心也就越强。你心里想着更多人，那么你的胸怀也会变得更大，你的思维也会变得更加广阔，你的价值感也会变得更强。就像我，如果只想着自己，可以选择每天不这样累，不这样拼。但是我还有我的团队，我是这个团队的引领者，我还有很多相信我的伙伴，我还有相信我的众多学员，所以我要全力以赴地工作。虽说很辛苦，但是每当看到因为我的努力，让更多家庭变得更幸福，看着身边伙伴们喜悦的笑脸，我就会感到很欣慰，也充满力量。在我全力以赴工作的同时，我的能力也在不断加强，知名度也在不断提升，梦想也在不断变大。

有些同学会说，要是选不上该怎么办？如果不试一试你怎么知道自己能不能选上？如果不挑战一下，你怎么知道自己行不行？大家记住一句话：失败并不可怕，可怕的是缺少全力以赴的体验；优秀并不遥远，珍惜每一次锻炼自己的机会。

无论你是在读小学、初中、高中还是大学，在班级里从事管理岗位，都会让你得到成长和锻炼。不知道现在的你在班级中是不是班委成员？如果你在班级中没有担任任何职务，那你每天想的可能就是上学，放学回到家；上课听讲，下课玩儿一会儿，回家写作业。但是如果你成了一名班级干部，除了刚才的这些，你还要考虑职责范围之内的一些事情。

班级竞选

比如你是班里的体育委员，在体育课、课间操或学校举行一些活动时，你要组织大家站好队，走整齐；如果你是纪律委员，你要考虑如何维持好自习课纪律，争取让班级能获得纪律红旗；如果你是班长，那就更忙了，要协助老师管理好班级，掌握好班级的各项情况等等。即使你只是一个课代表，你要帮助老师收取作业，向同学们传达老师的指示。

班级干部除了可以增强自己的责任感，还锻炼与人沟通的能力和自己的语言表达能力，也会加深老师对你的印象。这些都是我们要主动争取成为班级干部的原因。读书时积累的管理能力和得到的锻炼会对以后你走向社会、参加工作有很大的帮助。

大家记住一句话：管理别人是一种习惯，被别人管理也是一种习惯。假如有两位同学，一起大学毕业，学习成绩都差不多，区别是一个曾经当过班干部，一个没有当过班干部，那他们在找工作、参加面试的时候就会有不同的表现。当过班干部的同学往往更自律、更自信，更有管理意识。

有一次，我在讲课的时候向在场的孩子们提问，问问他们有担任班干部的吗？都是哪些岗位。有的同学回答说："我是班长。"很自信！有的同学回答说："我是学习委员。"有的回答说："我是生活委员。"

后来我看到有个10岁左右的小男孩儿站起来把手举得老高，于是我就让他回答，他高声地说："老师，我是我们班的桌椅保管员。"这个职务我很少听说啊，就问他："那你的主要职责是什么呢？"他又自信地说："我们老师说了，就是班级里所有的桌子、椅子，只要有损坏的情况就及时向他报告。还有，我会不定时地提醒班上的同学要爱护桌子和椅子。虽说同学们不归我管，但是班级的桌子、椅子我每天至少要巡视一遍。"他说话的时候啊，神采奕奕、精神抖擞，还隐约地流露出非常自豪的表情。所以不论是哪个职务，都会为自己带来一种使命感和责任感。

那当我们拥有了成为班级干部的想法后，又应该如何去实现呢？其中最重要的一个秘诀就是"主动"。主动找到班主任说出自己的想法，或者在班级举行班委竞选时主动申请参加。

参加班级竞选时的4个要点

1. 确定目标

班级里的职务很多，像班长、副班长、学习委员、体育委员、生活委员、卫生委员、文艺委员等。先想一想自身所具备的优势和特长，有针对性地去竞选某个职务。

比如，你在平时就是一个"孩子王"，总是带领着一群小伙伴玩游戏，而且大家还都愿意听你的，这就证明你很有个人魅力，领导力很强，那你可以竞选班长；如果你站姿标准，喜欢运动，身体素质很好，那就可以竞选体育委员；如果你在音乐、美术或是表演方面有特长，那你就可以竞选文艺委员，等等。这样不但能增加竞选成功的概率，而且竞选成功以后，还能在这个岗位上充分发挥你的优势，为班级和同学们提供更多的帮助。

另外，你的优势在担任职务期间得到提升。如果没有一个确定的目标，站上讲台说："我当什么班干部都行，大家投我一票吧。"这样的话，估计没有人会选你，因为他们觉得你的目标不明确，随随便便的态度怎么能干好工作呢？

2. 做好演练

确定了自己要竞选的目标之后，就要为自己准备一篇震撼的竞选演讲稿，然后进行大量的演练。目的就是让你在参加竞选时，有精彩的展示。

从而能增加大家对你的信任和支持。演练包括站姿、表情、动作、声音、问候、自我介绍、互动、收尾等环节，这些内容，之前的章节里详细地讲过，大家可以灵活地运用。

3. 精彩展示

这里的展示要注意，包括两个方面：第一个方面就是竞选演讲时的展示，要让同学们感觉到你自信、诚恳、热情、细心。第二个方面的展示是指你在参加竞选演讲之前的表现。在竞选之前，你在与老师沟通，在和同学们交往的过程中，要给大家留下一个好印象，这样，等到你参加竞选时，大家才更有可能投你一票。

4. 表明决心

在竞选演讲中，你要给一个让老师和同学们选你的理由，要通过演讲来表明你的决心。决心就是如果你竞选成功了、通过了，你应该在那个岗位上怎样做。因为班干部是为班级和同学们服务的。当你表明了决心，说出了你的工作思路，大家才会更放心地选你。

班级竞选演讲范文

用一篇竞选演讲稿的范文为大家再梳理一下本章所学的内容。

| 这段是问候和自我介绍。 | 尊敬的老师，亲爱的同学们，大家好！我是×××。 |

我今天站在讲台上的感觉与之前不同，以前站在这里可能是回答问题或是表演节目，但是，今天站在这里却是想争取一次机会。什么机会呢？就是能成为班级的学习委员，更好地为大家服务的机会。

　　这段是明确自己的目标。他的目标是什么？学习委员。

　　说实话，为了参加这次竞选，我准备了两个月。也许有人会问我准备什么？是这次的演讲稿吗？当然，不过演讲稿只是要准备的一部分。我最用心准备的是我自身的能力。我的学习成绩虽说还算不错，但是，我要变得更优秀，因为只有这样，才能更好地辅导其他同学。不但自己学习好，还要会讲给别人听。

　　这段说了自己为这次竞选所做的一些准备。增强大家对自己的信赖感。

　　下面，我说一下我的两点决心：

　　第一，如果我当上了学习委员，我要做好老师的小助手。老师为我们讲课，还要进行班级管理，真的太辛苦了。我会把同学们关于学习方面的问题和疑问汇总起来，及时地向老师汇报，也会把老师的一些建议和要求及时地传达给同学们，我愿意成为老师和同学们之间的一座桥梁。

　　第二，如果我当上了学习委员，我要做好

　　这些内容表明了自己的决心。而且分为了两点，给人的感觉逻辑很清晰，能让大家听得很明白。

同学们的小帮手。在学习上互相交流，在生活上互相关心。把自己总结出来的学习方法分享给有需要的同学。希望在我的努力下，同学们的学习氛围会更好，学习热情会更高。

最后这段又为自己拉了一回票，感召大家采取行动。他整体的展示很简要，又很明确。该说的基本都说到位了，没有多余的话。感情真挚、诚恳，表现得很精彩。

我相信同学们能感受到我的信心和决心，也相信同学们会投我一票，希望我能为班级和同学们做更多的事情。我和大家一样热爱我们的班级，我们一起努力，让我们的班级越来越好！我今天的演讲就到这里，谢谢大家！

口诀总结

本章的口诀是：

班级竞选要争先，领袖精神从小练。
确定目标做准备，等待机会台上站。
沉着热情底气足，真诚表达责任感。
心系班级做服务，乐于助人当模范。

主动是为自己争取机会最好的方式。你的领导力和领袖精神是需要从小的时候就渐渐积累的。想成为一名班级干部，首先根据自身优势明确自己的竞选职务，然后就是对演讲稿大量的练习，以便在参加竞选时有一个精彩的展示。演讲时要自信、沉着、诚恳、热情，向大家表明自己的决心。记住，班干部身份不是用来炫耀的，而是要真真切切地为班级服务，要让班级因为你的努力而更加团结、优秀，在同学中做好模范带头作用，用语言和行动去鼓励同学、帮助同学。相信自己，有能力为班级服务；相信自己，有勇气做好一名引领者。

作业：竞选演讲视频

读一遍本课中的竞选演讲稿范文，反复演练，并录制一段5分钟以内的视频。

第二十章

家庭会议

家庭关系是家庭幸福的重要保障。我是家庭教育的传播者，希望因为我的努力，能让更多家庭变得更加地幸福和美满。之前说过，希望孩子能和家长一起学习这本书，共同成长。那么家庭会议就是一家人进行演讲练习的理想时机。一家人通过家庭会议，既练习了演讲，又促进了情感。正是由于这个初衷，才有了本章的内容。

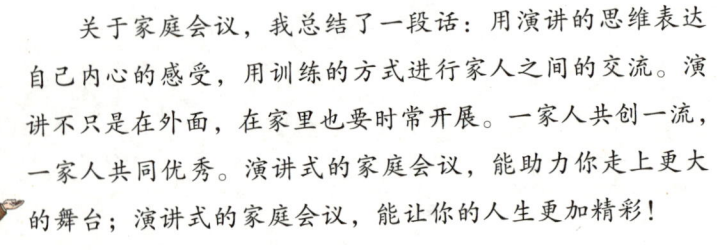

琨哥说

关于家庭会议，我总结了一段话：用演讲的思维表达自己内心的感受，用训练的方式进行家人之间的交流。演讲不只是在外面，在家里也要时常开展。一家人共创一流，一家人共同优秀。演讲式的家庭会议，能助力你走上更大的舞台；演讲式的家庭会议，能让你的人生更加精彩！

我们都知道，公司有公司的会议，班级有班级的会议，那么在家庭中就应该有家庭的会议。有人也许会说："一家人还开什么会呀？有什么事儿随便一说不就行了。多费事啊！多不好意思啊！"人与人的交流方式大体上分为正式的交流和随意的交流。哪种交流方式给人留下的印象会更深呢？是正式的交流。因为在正式交流的时候，大家会更加投入和认真，所以印象才会更深。

家庭会议就是为了更好地、更快地实现家庭目标而进行的会议，可以把演讲的练习融入其中。

家庭会议的4个要点

1. 确定家庭会议的时间和主题

全家人通过商议，决定多长时间举行一次家庭会议。比如每周一次、每周两次等。最好有一个固定的时间，比如每周六晚上或每周一晚上等，或是根据全家人具体的时间来灵活安排。每次家庭会议的时间大约在20~30分钟，也可以根据具体情况而定。提前制定出家庭会议的主题，就是会议主要的话题是什么，比如对家庭成员的优秀表现进行表扬，下一周的工作、生活或学习计划的安排，讨论要到哪里去游玩，家里要购置新的生活用品，家庭演讲比赛，讲笑话比赛，等等。

2. 轮流担任主持人

举行家庭会议时，要有主持人来组织、协调整场会议，包括在会议前组织全家人确定会议主题和时间，以及会议过程中的主持、协调和总结。这对个人是一种综合能力的锻炼。家庭会议的主持人由家庭成员轮流担任。

这里要注意一点，年纪大的长辈和家里太小的孩子可以不担任此项工作。小孩子只要有机会在旁边看着、听着，从小就感受着这种氛围，对他的成长也是有很大的帮助的。

3. 会议准备

这里说的准备，主要是大家在会议前对自己演讲发言的准备。因为会议主题都是提前确定的，所以留给了大家准备演讲稿和演练的时间。演讲式家庭会议，演讲的展示也是一个重点。所以，大家要进行演练，以便在会议中有精彩的表现。

4. 家人相互给予建议和鼓励

在会议的过程中，认真倾听家人的分享，并适时地给予赞美、掌声和建议，懂得尊重，不要随意打断别人的讲话，不要在别人讲话时做与会议无关的事情。语言要文明，讨论事情要保持客观、理智的原则，要多站在对方的角度考虑问题。多鼓励，多赞美。

家庭会议的案例

家庭会议

时间： 某个周末的晚上。

地点： 家中客厅。

参会人员： 爸爸、妈妈、小宇。

主持人： 小宇。

会议题目：《劳动最美》。

会议要求： 家庭参会人员坐姿端正，讲话时声音洪亮。

会议内容：

主持人小宇发言： 亲爱的爸爸妈妈，晚上好！

幸福的人愿意微笑，幸福的人愿意创造，幸福的人愿意分享，幸福的人愿意请教！我觉得我们一家都是幸福的人，我们也在努力地呵护着这个幸福的家。家的幸福来源于浓浓的亲情、融洽的氛围和干净整洁的环境。那今天我们就以《劳动最美》为题目开展一次家庭会议。

现在，我宣布本次演讲式家庭会议正式开始！（掌声）

今天第一个演讲的是爸爸，掌声有请！（掌声）

爸爸发言： 亲爱的家人们，晚上好！我用了将近三天的时间准备了今天的演讲内容，因为我非常重视家庭会议。

上周与一位同事谈到了家庭会议，他很惊讶，他说自己从来没有开过家庭会议，也不知道它的重要性。我觉得我要好好地和他谈一谈，这应该也是对朋友的一种帮助。同时，我也很庆幸我们能坚持定期地开展家庭会议，我觉得这个活动是非常有利于家人的沟通和成长的。

提到劳动，在这里我要特别表扬和感谢小宇妈妈，她勤劳、能干，是我和小宇的榜样。家里的温馨和整洁有一大半都是她的功劳。而且，妈妈非常细心，在一些地方还暖心地贴上了提示语，比如"拖鞋区""玩具区""生活用品区"等。地面的卫生很不容易打扫，小宇妈妈每次拖地都很辛苦，经常会累得满头大汗。所以我觉得小宇妈妈在我们三个人当中最辛苦，也是我们家里最美的人。

......

我今天的演讲就到这里，谢谢家人们！（掌声）

主持人小宇发言：听了爸爸刚才的演讲，我特别感动。没有想到爸爸对妈妈的劳动能观察得那么细心，爸爸可真是个大"暖男"啊。另外，爸爸的演讲吐字清晰、声音洪亮、感情真挚，再次把热烈的掌声送给爸爸。（掌声）

接下来，上场演讲的是我可爱的妈妈，掌声有请！（掌声）

妈妈发言：家人们好！刚才听到小宇爸爸表扬我的时候，我又高兴又惭愧，高兴的是你们对我的关注和关心，惭愧的是觉得自己做得还是不够好。比如上周，小宇爸爸要洗几件衣服，我说我来洗，让他去做其他事情，可是，我后来却忘记了，那几件衣服在洗衣机上面堆了三天，只是你们没有注意罢了。以后，当下要做的事情，我一定要及时做，不能再忘记或是拖延了，要给小宇做一个好的榜样。

我非常爱我们这个家，所以也想为家里多做一些事情。我觉得劳动既能让环境变得更加温馨和舒适，也能锻炼身体，适当的劳动还能让心情更加愉悦。有些时候之所以多做一些，是因为看到小宇爸爸平时工作真的很辛苦，小宇读书也很认真、很投入。但是，我也希望我们一家人能安排好时间，一起进行家务劳动，那种愉快的场景和心情，想一想，我就觉得幸福。你们说好吗？

......

我今天就讲这些吧，谢谢你们的鼓励！（掌声）

主持人小宇发言：我觉得妈妈讲得非常好！她用真切的话语表达了心中真挚的希望。我也会尽量多抽出时间和爸爸妈妈一起进行家务劳动。在劳动中体会生活的乐趣，在劳动中提升必要的技能，在劳动中学习人生的经验，在劳动中感受宝贵的亲情！好了，今天的家庭会议就接近尾声了。会议中，我们交流了感情，练习了演讲，我们要把家庭会议坚持下去，也把这份幸福延续下去，我们是幸福的一家人！

谢谢家人们，散会！（掌声）

小宇一家人用这种方式分享着自己的感受，表达着心中对家人满满的爱。也因为演讲的需要，所以他们在平时会更加关注自己家人的言行，也增加了对家人的了解。通过家庭会议，家人之间增进了感情，化解了平日里一些的误会，忘掉了烦恼与疲惫，提升了对家庭的信心。把每个人的目标结合到一起，互相鼓励，互相信任，携手并肩，向着更加幸福与美好的未来前进。

口诀总结

本章的口诀是：

家庭会议要开展，增强家人亲密感。
坦率真诚聊心事，结合演讲更震撼。
确定时间和主题，会前讲稿用心记。
互动游戏带气氛，情到深处掌声起。
相互建议和鼓励，一起加油创佳绩。

家庭会议为家人之间的沟通增加了仪式感，让全家人对于家庭中的一些事情更加地在意和关注，更加清晰地总结和规划家庭的各项事务，让家人目标感更强，动力更足！

在进行家庭会议的时候，家人们要坦率、真诚地沟通和交流。把演讲的练习融入其中，在家人面前既有真情的流露，又有震撼的表达。要提前确定家庭会议的时间和主题，利用会议前的这段时间准备演讲稿和进行演练。

在家庭会议中可以适当加入一些互动和小游戏，能让氛围显得轻松、活泼。认真倾听家人的演讲，当听到震撼或感人之处时，适时地给予掌声、赞美与鼓励，也要真心地给予家人建议。正所谓"当局者迷，旁观者清"，别人能发现很多自己发现不了的不足，对于家人给予自己的真心的建议和指点，要虚心接受和学习。有些问题，能在家里被及时地发现和化解，那就会减少很多在外面失误的次数。通过家庭会议，让一家人更加团结，更加幸福，一起实现更多美好的目标。

作业：家庭会议视频

结合今天的学习内容，与家人进行一次家庭会议，并录制其中的一个片段，时间不超过 5 分钟。期待大家的精彩表现！

总结

心法：从小白到高手

学习永无止境，读完这本书不代表学习的结束。希望大家能持续学习，让我们的演讲能力得到不断的提升。

> **琨哥说**
>
> 经过了一段时间的学习，你是否已经励志成才了呢？你放大了自己的梦想了吗？你是否拥有了钻研、刻苦的精神？你是否拥有了敢于登上更大舞台的勇气？

一个人的修炼，要从修炼自己的心开始。要想做好一件事，你要发自内心真正地喜欢它、重视它，这样你才会充满力量。心中有了力量，就有了勇气和信心，也就有了坚持不懈的信念。这样实现梦想与目标就是迟早的事情了。

演讲不仅仅是舞台上的绽放，还影响着我们人生的方方面面。只要有人的地方，就需要交流。你与他人交流的方式和水平，在一定程度上决定着你的社会地位和生活质量，也影响着你的人生价值。

要想成为一名演讲高手，需要熟悉理论，刻苦演练；练站姿、练气质、震撼人心练声音；表情、动作加互动，各种故事灵活用。

最后，给大家讲一讲演讲修炼的8个心法。同时也把这本书的核心精华做一次总结和延伸。

演讲的8个心法

1. 眼观六路

真正优秀的演讲者不但具备嘴上的功夫，还要善于观察。眼观六路指的是：一观状态，二观形象，三观观众，四观互动，五观氛围，六观时间。这六个方面的观察没有先后顺序，需要灵活进行。

一观状态指的是自己的状态。由心而发，充满能量。因为你的状态会直接影响观众的状态。

二观形象是指自己的形象。你是观众的榜样和偶像，语言、举止要适度得当。

三观观众。观众是一面镜子，观众的状态反映了你演讲水平的高低，观众的眼神、表情和掌声是对你的演讲最直接的评价。对观众要从内心生起尊重和喜爱之心，观众从你的演讲中得不到收获，那就是你演讲最大的失误和失败。

四观互动。与观众进行眼神的交流、语言的沟通以及在演讲中适当地穿插一些小游戏，能让观众感受到你对他们的关注。

五观氛围。过年有过年的氛围，聚会有聚会的氛围，演讲也要有演讲的氛围。演讲的氛围应该是：讲的人投入，听的人尽兴；讲的人动情，听的人陶醉。

六观时间。演讲者对时间的把控要精准。严格按照计划的时间开始和结束。不缩短、不延长，观众收获满满、心情舒畅。

2. 耳听八方

耳听八方是指一听声音，二听掌声，三听提问，四听回应，五听反馈，六听教导，七听批评，八听赞美。

一听声音。听谁的声音？听自己的声音。随时感受自己的语调和语速，让你的声音悦耳动听。

二听掌声。听谁的掌声？听观众的掌声。掌声稀疏，学艺不精；掌声热烈，感情真切。

三听提问。观众提问时，要用心倾听，眼神交流，点头微笑。边听边思考，赞美要给到。

四听回应。观众对演讲者的回应有声音回应，表情回应，动作回应，掌声回应。回应到位，信心百倍；没有回应，不是滋味。

五听反馈。听谁的反馈？演讲后听知心朋友的反馈。给你建议，让你进步。给你批评，让你提升。

六听教导。听谁的教导？平时多听演讲高手的教导。高手有经验，能让你减少失误；高手有阅历，能让你增长见识。多请教，要虚心，不懂就问不丢人。

七听批评。听谁的批评？听关心你的人的批评。"当局者迷，旁观者清。"要想进步，敢听批评。敢听批评一日千里；不听批评，寸步难行。

八听赞美。听什么样的赞美？听带有细节的赞美。很多赞美都是："你好棒，你好美，你好帅，你好乖。"听得含糊又糊涂。我想知道我到底是哪里棒？哪里美？哪里帅？哪里乖？所以，在听别人对你赞美的时候，要用心听赞美你细节的话语。比如："你的声音很洪亮，你的动作很大方，你的表情很丰富，你的介绍很特别，你的故事很感人，你的开场很震撼，你的收尾很精彩，你的演讲很动情，你的笑容真甜美。"

3. 强身健体

讲话是对体力的消耗。更何况是全情投入地、激情绽放的演讲，对演讲者体力的消耗就更大了。因此要想有更加精彩的演讲，首先要拥有超强的体力和耐力。体力旺盛，精力才充沛，精力充沛，思维才敏捷，反应才会迅速。所以平时要注意锻炼身体。做做俯卧撑、仰卧起坐、原地高抬腿跑、跳绳等等，提升自己身体的力量、耐力以及灵活性。锻炼时循序渐进，注意安全。大家记住：强健的身体是基础，旺盛的精力是核心，无穷的力量是关键，蓬勃的朝气是后盾。

4. 神清气爽

神清气爽，既是说自己的状态，又是讲给别人的感觉。神清气爽的状态能够让自己发挥良好。你能给人神清气爽的感觉，会让观众因为受到你的影响而状态更好、热情更高。记住：思路清晰才能流程不乱，精神绝佳才能灵感爆棚。

5. 蜜蜂采蜜

平时的学习就像是蜜蜂采蜜。蜜蜂采蜜时有什么特点？精准、勤快、投入。在哪个地方，有什么样的花蜜，蜜蜂们就飞过去精准采蜜，哪里有蜜就去哪里，它们能很精准地找到蜜源。

蜜蜂采蜜的时候很勤快，因为勤快才有产量，懒惰只能挨饿。蜜蜂找到一朵花，在上面非常认真、非常投入地采蜜，这样才会有更大的收获。我们练习演讲也是如此，精准、勤快、投入。

精准就是我要学什么，跟谁学；勤快就是大量地练习和坚持练习；投入就是练习的时候要用心去感受，用心去琢磨，用心去思考，用心去总结。这样，才会有更多的收获和进步。正所谓：学习之路长又长，就如蜜蜂采蜜忙，满山遍野找花朵，有了收获甜又香。

6. 雄鹰翱翔

在《庄子》一书中有这样一段：北冥有鱼，其名为鲲。鲲之大，不知其几千里也；化而为鸟，其名为鹏。鹏之背，不知其几千里也；怒而飞，其翼若垂天之云。

听起来都感觉非常有气势。所以当你站在舞台上时，你就可以参考一下这段话，让自己在舞台上拥有一种雄鹰翱翔的气势。那种自信，那种豪迈。正所谓：威武的气势能抵千军万马，饱满的状态胜过万语千言。

7. 如饥似渴

对于自己的成长和成才要有紧迫感。因为你不成长，有人在成长；你不成才，有人在成才。能够改变自己命运的机会不是随时都有的，遇到难得的机会，及时把握住，人生就会更加美好。如果错失良机，那将是一种莫大的遗憾。大家记住：人生宝贵，青春短暂，珍惜时间，谨记诺言。勇者追梦，不畏艰难，每时每刻，心心念念。

8. 挂剑在墙

我们在电视上和小说中经常会看到一些侠客或剑客，他们从默默无闻到名声显赫大体可以分为四重境界。比如一位剑客，他在刚开始拜师学艺的时候就属于"剑在炉中"的第一重境界。这个时候他对功夫是非常渴望的。虽然还没有太多实战的机会，但是心中已经对自己的未来有了憧憬。有了一种跃跃欲试的感觉，正所谓"初生牛犊不怕虎"，信心十足，充满期待。

随着他功夫的渐渐提升，到了出师的时候，学成下山了，就到了"握剑在手"的第二重境界。这个时候，意气风发，见谁都想比试比试，好像自己已经成为一名名副其实的武林高手了。但是在真正的高手看来，他只是在不知深浅地狂剑乱舞。其实，这个时候更应该谦虚谨慎，因为他只是掌握了一些武术套路和基本的一些本领，却严重地缺少实战经验。

慢慢地，随着他不断碰壁，不断地付出代价，他也终于意识到自己的鲁莽，于是就到了"藏剑于身"的第三重境界。此时，他变得低调、谦恭，会有目标地找合适的对手切磋，注重自身的训练，积累自己的口碑，变得愈加成熟。

随着经验和阅历的丰富，自身的实力已经到达了一名真正的武林高手的水平。这时就到了"挂剑在墙"的第四重境界。此时的他，武功自然没的说，更重要的是他已经把功夫变成一种精神，把自己的经历和经验变成了一种人生哲学。从外表来看，他普普通通，但是在关键的时刻或是合适的时刻，他会一鸣惊人。给人带来震撼，让人无比佩服。他懂得应该在什么时间、什么场合做什么样的事情。这就是挂剑在墙，轻易不出手，出手必惊人。

演讲也可以参照这四重境界。想从一个演讲小白变身成为一名演讲高手，从接触演讲学习和练习开始，已经进入第一重境界。这个时候，你憧憬着自己未来的无数个场景和无数种可能。你兴奋，你激动，你充满了力量。

你认真练习，慢慢地掌握了演讲的基本方法和一些技巧，你跃跃欲试，你想赶快冲上实践的舞台，这个时候就到了第二重境界。这时候，你不能仅仅是想着我要怎么讲，我要怎么做，而是要多看看别人是怎么做的，特别要多向演讲高手学习和请教。

随着你对演讲越来越熟悉，慢慢地进入第三重境界，你要珍惜每一次演讲的机会，要让自己在每一次演讲中都有显著的成长。你已经有了自己独特的演讲模式和风格，当然，你也拥有了很多听众。

随着你的能量越来越强，你就逐渐到了第四重境界，此时的你已经是许多人的偶像，你把智慧和经验分享给乐于学习的人。你的每一次出现，在观众的心中都是一段难忘的回忆。

作业：背诵《领袖宣言》

要求：声音洪亮，状态饱满。

各位朋友、各位伙伴，大家早上好！
我是来自 _____（来自哪里）的领袖 _____（名字）。
因为热爱，我站上舞台！
因为梦想，我心潮澎湃！
我是祖国的栋梁！我是祖国的希望！
我要全力以赴，充满能量！

我主动、热情、自信、勇敢！

我擅长演讲，敢于表达！

演讲时，

目光如电！表情丰富！

声音洪亮！动作潇洒！

现在，我身为领袖，做好表率！

未来，我要引领时代，人生更加精彩！

谢谢大家！

怎样才能成为演讲高手？不是把理论掌握得多精通，也不是把技巧运用得多巧妙。而是在多次的尝试和失败后，从总结和自省中感悟演讲的初衷。练习演讲，需要修炼的不仅仅是自身的基本功，更应该认真地思考如何与观众产生心灵上的共鸣。

琨哥说

用口讲话，用心共情，智慧演讲，精彩人生！

附录

给孩子的演讲范文：爱国、感恩、梦想

第一篇：爱国主题

我爱我的祖国

尊敬的老师，亲爱的同学们，大家好！我是来自 _____（来自哪里）的 _____（名字）。今天我演讲的题目是《我爱我的祖国》。

每当看到冉冉升起的五星红旗，我的心中就充满了作为一名中国人的骄傲和自豪；每当听到振奋人心的《义勇军进行曲》，我的脑海中就会浮现出万众一心、众志成城的画面。

我爱我的祖国，我们有五千年的悠久历史；我爱我的祖国，我们的祖国物产丰富、疆域辽阔；我爱我的祖国，我们有经久不衰、代代延续的文化传承；我爱我的祖国，我们有充实、温馨的幸福生活。我为祖国而自豪，中国制造，匠人精神，我们的科技飞速进步；我为祖国而骄傲，中国速度，不断超越，我们的发展日新月异。

记得在我 6 岁那年，我把一张中国地图挂在了书房的墙上。我曾无数次地凝望着我们祖国疆域辽阔的版图，结合着从书刊和电视上看到的画面和镜头，心中赞叹着祖国的大好河山。看，东部有许多沿海的城市，大力推动着我们与海外之间经济和文化的交流，彰显着生机与活力；南

部有奇山秀水、热带雨林，色彩缤纷、生机盎然；西部有大漠雪山、湖泊草原，有着令人神往的世界屋脊，充满了神奇和壮美；北部有肥沃的黑土地和壮观的林海雪原，散发着稻香，充满了珍奇。从南到北，由东到西，有看不完的景色，有讲不完的故事。

有一次爷爷问我的梦想是什么，我把爷爷拉到地图前激动地说："我有两个梦想。第一个梦想，我要成为一名军人，手握钢枪，守卫着祖国的边疆。第二个梦想，我要走遍祖国的名山大川，像徐霞客那样，通过自己的努力，让同胞们更了解自己的家园。"爷爷听后，眼睛里闪烁着激动的光芒，连声说："好！好！有出息！有出息！"爷爷很激动，因为他从我的话语中感受到了我的志向与力量。爷爷从自己的屋里取出一个精致的小盒子，微笑着递给我。我小心翼翼地打开它，哇！里面放着一枚军功章。爷爷说这是他当兵的时候获得的，现在交给我保管，希望它能激励着我充满力量地去实现梦想。

我觉得爷爷交给我的不仅仅是一枚闪亮的军功章，还有他的精神与期望。我激动地说："爷爷，我要更加用心和努力，长大后也要获得军功章。"爷爷用力地点点头，用手拍了拍我的肩膀，目光中充满了信任和自豪。

在学习中，我能感到自己内心迸发出来的热情与动力。因为我深知自己是为了梦想而学习，是为了要成为祖国的栋梁之材而学习。今天学的每一个知识，都是建设伟大祖国的砖石！今天读的每一本书，都是让祖国更加强大的根基！现在的我，朝气蓬勃，志存高远，为建设伟大的祖国做好准备！未来的我，意气风发，全力以赴，用自己的梦想助力伟大的中国梦！我爱我的祖国，我用真心来祝愿；我爱我的祖国，我用行动来表达。心系祖国，带着梦想前行；牢记使命，踏上新的征程！

今天我就讲到这里，谢谢大家！

第二篇：感恩主题

最亲的人，最深的爱

尊敬的老师，亲爱的同学们，大家好！我是来自_____（来自哪里）的_____（名字）。今天我演讲的题目是《最亲的人，最深的爱》。

特别的缘分，让我们成为幸福的一家。浓浓的亲情，让我们心心念念、彼此牵挂。家，代表的不仅仅是一处居所，它更是爱的港湾，温暖着你我他。快乐时，回到家，把快乐分享给爸爸和妈妈；难过时，回到家，在你们温暖的怀抱里把委屈融化。在我的心里有一幅美好的画面，就是我们一家人围坐在餐桌前，开开心心地享用着我们一起准备的饭菜，轻声细语地说着愉快的事情。彼此看一眼都是一种幸福的传递。互相盛碗饭、递杯水都透露着关怀之情。

在幸福的生活中也偶尔会有一些小插曲。有一天，我和奶奶通电话时，我对奶奶的唠叨感到有一些不耐烦，于是连"再见"也没说，就直接挂断了电话。妈妈听到后赶紧走过来，让我赶快再给奶奶打电话，并真诚地向奶奶赔礼道歉。由于我正在气头上，就喘着粗气说："我才不说呢，要说你说。"说完这句话，我也后悔了，觉得自己说的话太过分了，但是因为心中还生着气，也就扭过头去，心里想："我很生气，爱咋咋地。"过了好一会儿，也没听到妈妈说话，我就好奇地回过头来看了一下，不禁心里一惊，原来妈妈正在看着我，那一刻，她的眼中已满是泪水。我觉得她的表情中有生气、有愤怒，但更多的是失望和难过。后来妈妈轻声地说："我能理解你刚才的心情，你不爱听奶奶的唠叨。但是你想一想，奶奶之所以唠叨是为了什么呀？她都快 70 岁了，自己身体又不好，还心心念念地惦记你。你不但不懂得感恩，还对奶奶这样没礼貌。还有，奶奶可是你爸爸的妈妈呀，你对奶奶发脾气，你知道爸爸的心里会有多难过吗？"

听妈妈说完，我心里顿时充满了懊悔和内疚，赶紧拿起电话拨通了奶奶的电话号码。我当时就想尽快地向奶奶说声"对不起"，因为晚一秒钟，我的心就会痛一秒钟。这件事让我明白，妈妈对我的教育不是强势地控制和改变，而是温柔地唤醒和启发。妈妈总是说她很幸运，有了我这个乖宝宝，其实应该是我很幸运，遇到了一位疼我、爱我、智慧、温柔的好妈妈。爸爸平时话不多，他更多的是用行动来爱我和家人。在一个周末，爸爸陪着我去骑自行车。那天我高兴极了，真像一匹脱缰的野马，骑着车在林间小路上飞驰。爸爸不时地提醒我要慢一些，要注意安全。我顽皮地说："哎呀，没事。这条路上现在就咱们俩，路又很平坦，您放心吧。"说完，又一股风似的骑车跑了，爸爸骑着自行车在后面跟着。俗话说"乐极生悲"啊，我正在极速飞驰呢，突然发现前方是一个急转弯，此时刹车已经来不及了，前方还有几棵粗壮的大树。说时迟，那时快，我发现自己的车子已经失控，正连人带车快速地向大树冲去。

我吓得一闭眼，心里想："完了，这回一定摔惨了。" 正当我惊慌失措的时候，一双有力的臂膀搂住了我。我睁开了眼睛，却没有感觉到有多么疼痛，心想："我这是摔傻了吧？咋还不知道疼了呢？" 原来就在我即将发生危险的一瞬间，爸爸跳下了自己的自行车，以最快的速度冲向我，就在我的身体即将撞上大树的时候，爸爸挡在了我和大树之间，他还顺势紧紧地抱住我，可他却重重地撞在大树上。我安然无恙的代价是爸爸的脸上和身上出现了好几处伤痕。我听见爸爸发出了几声痛苦的呻吟，可当我回过头看向他时，看到的却是一张坚强的笑脸，那一刻我意识到爸爸就是我的大英雄。

　　爸爸在我的心目中，永远坚强勇敢、英俊潇洒；妈妈在我的心目中，永远温柔、智慧、精致、优雅。他们用双手创造着美好的生活，他们用智慧让我们向着梦想的蓝图进发。他们严厉时，我心里也会害怕，但我明白，这也是一种爱的表达。他们开心时，我也会备感快乐，我多希望许许多多的快乐能在家里的每一个角落生根发芽。

　　我爱爸爸，我爱妈妈，感恩你们给予我生命，养育我长大。我要用优秀和卓越来向你们报答。爸爸妈妈偶尔也会吵架。但每次你们都会和好如初，互相把歉意表达。我想对你们说，你们对彼此的关爱就是给我最好的礼物。我想永远看到你们的笑脸，让我们的欢声笑语传遍海角天涯。我们是幸福的一家，我在渐渐长大；我们是幸福的一家，我要用优秀和卓越向你们报答！

　　今天我就讲到这里，谢谢大家！

第三篇：梦想主题

梦想的魅力

尊敬的老师，亲爱的同学们，大家好！我是来自 _____（来自哪里）的 _____（名字）。今天我演讲的题目是《梦想的魅力》。

什么是梦想？梦想是一盏明灯，它能照亮我前行的方向；什么是梦想？梦想是小心地埋下了一颗种子，经过努力与等待，它终将破土而出，硕果累累，让看到它的人都眼前一亮；什么是梦想？梦想是想一想就会觉得激动的事情，在未来的人生道路上，即使有荆棘坎坷，即使有雨雪风霜，一想到它，我心中便充满了力量；什么是梦想？梦想就是对父母辛苦养育的感恩与回报，成为一个优秀的人，成为一个杰出的人，成为一个让父母自豪的人，不辜负他们对我热切的期望。

在一个夏天的夜晚，我和爸爸妈妈围坐在庭院中，仰望星空，聊起了梦想。爸爸曾经的梦想是成为一位科学家，制造先进的飞行器去探索宇宙，而如今他是一家工厂里的焊接工人。

爸爸微笑着说："也许梦想不会实现，但是它是我们前行的动力，也是一种幸福的源泉，每当想一想，内心都无比激动。"爸爸说得很有道理，他是厂里的技术能手，他以优秀科学家的态度和标准在做着自己手中的工作，他完成了许许多多的技术创新，他用智慧和劳动为社会做着贡献。爸爸在业余时间还经常看一些宇宙探索方面的书籍和视频，他也会经常给我和我的小伙伴们津津有味地讲宇宙奥秘和宇宙知识。爸爸懂得的知识丰富又稀奇，我和伙伴们经常听得废寝忘食。在我们炯炯有神的目光里，爸爸感到了欣慰和幸福。他哪里是给我们讲知识啊,他这是在启迪一批未来的科学家啊。

　　妈妈儿时的梦想是成为一名教师。现如今,她正是一名教师,还是我隔壁班的班主任。妈妈开心地说:"我在上小学三四年级的时候,就立志要成为一名教师。因为我的班主任给我留下了很深的印象。她有时像爸爸一样严厉,有时又像妈妈一样温柔。下课了,她又像大姐姐一样陪我们快乐地做游戏。她讲起课来很专业、很精彩,又充满了趣味,给我的人生留下了许多美好的回忆。"妈妈现在是学校里的优秀班主任。她带的班级纪律好、学习氛围好,最关键的是,孩子们脸上常常挂着灿烂的笑容,因为她与孩子们的交流中充满了爱和欣赏。

　　爸爸妈妈转过头一起看向我,我表情严肃地说:"我的梦想是长大后成为一名演说家。用语言和智慧去影响更多人,让他们提升梦想,让他们更有力量,让他们减少烦恼,让他们更加幸福。我要走上更大的舞台,我要面对上万人演讲。我会把爸爸妈妈请到我的演讲现场,让你们感受一下我的气质和魅力。"爸爸听后拍了拍我的肩膀,笑着说:"爸爸妈妈相信你,等我们去了你演讲的现场,你最好要把我和你妈妈请上舞台,隆重地向观众介绍一下啊。"妈妈也赶紧说:"到时候,我一定要穿得很漂亮呢。"妈妈说完,我们一家人哈哈大笑起来。

　　这就是梦想的魅力,聊一聊都觉得快乐和幸福。

　　也许有人会说,做一个平凡的人不是很好吗?我却认为,平凡的人多是想着自己,而我要为更多人的幸福而奋斗!也许有人会说,安逸的生活不是很好吗?我却认为,只有丰富精彩的生活才配得上宝贵的生命!也许有人会说,要多想想自己啊。我却认为,那些领袖和英雄的心中都装满了别人!也许有人会说,那么努力干什么?我却认为,一个人不努力,就像一块美玉被深埋于地下,陪伴它的是黑暗与沉寂。而一个努力的人,就像一块美玉展现在阳光下,它必将光彩夺目、令人惊叹!梦想没有大小,只在于你努力的多少;梦想没有快慢,只在于你的用心坚守;梦想没有限制,除非你自我放弃;梦想没有边界,除非你原地不动。

为了实现梦想,有的人用时间等待;为了实现梦想,有的人用信念坚守;为了实现梦想,有的人用智慧谋划;为了实现梦想,有的人用行动加油。梦想与年龄无关,用心努力的人都值得拥有!

相信每个人的心中都有梦想,相信每个人都具备优秀的特质。人因梦想而伟大!伟大的梦想等待我们去实现!明天,无限美好,奔赴而来;未来,伟大目标,一一实现;今天,内心坚定,志存高远;此刻,全力以赴,不负青春!

今天我就讲到这里,谢谢大家!